이찬용 목사의
행복한 목회 이야기

## 이찬용 목사의
### 행복한 목회 이야기

**초판 1쇄 발행** 2023년 5월 14일

**지 은 이** | 이찬용

**펴 낸 곳** | 기독교연합신문사(도서출판 UCN)
**등록번호** | 제21-347호
**등록일자** | 1992년 6월 28일
**주　　소** | 서울시 서초구 남부순환로 2221 5층
**전　　화** | (02) 585-2754
**팩　　스** | (02) 585-6684
**이 메 일** | ucndesign@naver.com

**ISBN** | 978-89-6006-937-4 03230

이찬용 목사의
# 행복한 목회
## 이야기

이찬용 지음

## 추천의 글

저는 목회사역을 시작하는 분부터 일생을 목회자로 섬겨 오신 많은 분들을 뵈었습니다. 목회자 각자가 삶 속에서 고민하고, 때론 낙망하며, 지친 모습이 가득할 때 제가 본 이찬용 목사는 언제나 에너지 넘치는 모습으로 목회를 즐기며 행복해했습니다.
이찬용 목사가 연재한 칼럼을 읽을 때면 그 행복감이 전달되어 단 꿀을 머금은 것처럼 행복을 느끼게 해줍니다. 진정한 목회자의 마음으로 목회하고 싶다면, 기쁘고 신나는 목회를 하고 싶다면 저는 주저 없이 이 책을 추천드립니다.

- 명성교회 백대현 목사

산상수훈을 행복으로 시작하시는 예수님은 우리 모두의 행복이십니다. 예수님의 그 행복을 삶의 현장에서 보여주는 직업이 목사입니다. 그 일에 가장 충실한 목사가 있다면 바로 이찬용 목사일 것입니다. 같은 목사 입장에서 부러운 목사입니다.
이찬용 목사의 삶이 녹아있는 글이 책으로 엮여져 나온다니 참 행복한 소식입니다. 20년을 훌쩍 넘는 세월 동안 교제하며 끝없는 따뜻함과 스케일을 느끼고 도전을 받았습니다. 이 땅의 모든 교회들이 성만교회처럼 가슴이 뛰는 교회가 되기를 기도합니다.

- 미국 메릴랜드새소망교회 안인권 목사

언젠가 이찬용 목사님께서 하신 말씀이 생각납니다. "저는 주님이 부르시는 바로 그 순간까지 성만교회 목사이고 싶습니다." 이번이 출판된 책에 그런 이찬용 목사님의 마음이 한 보따리 가득 담겨있는 듯합니다.

- 원천교회 문강원 목사

이찬용 목사의 목회 이야기를 지면을 통하여 매주 읽으며 든 생각은 '동화' 같다는 것입니다. 한 주도 빠짐없이 어린아이가, 나이 드신 권사님이, 그리고 청년과 어른들이 등장하며 이야기를 이어갑니다. 웃기도 하고 뭉클하기도 하며 보는 이 이야기가 근데 멈추지를 않습니다. 이 정도면 멈출 것 같은데 멈추지를 않습니다. 읽는 이는 특별한데 사는 이는 이게 일상인가 봅니다. 이 책은 이런 의미에서 동화책 같습니다. 이찬용 목사의, 그리고 성만교회의 목회가 만들어가는 동화가 책이 되었습니다. 동화책 속에 사는 이들은 참 행복하겠습니다.

- 실천신학대학원대학교 조성돈 교수

이찬용 목사의 글에는 삶이 녹아있습니다. 삶으로 증명된 글이라는 말입니다. 미사여구가 아닌, 삶으로 아름답게 녹여낸 흔적들이 가득합니다. 그러기에 힘이 넘칩니다. 뿐만 아니라 그의 글에는 사람을 향한 따뜻함이 담겨있습니다. 긍휼의 마음과 기꺼이 나누는 희생이 펼쳐져 있습니다. 그래서 그의 글을 읽으면 내 마음이 따뜻한 봄바람 맞은 듯 녹습니다. 아름다운 도전이 됩니다. 좋은 친구 목사를 둔 기쁨을 전하며 기꺼이 추천의 글을 남깁니다.

- 새은혜교회 황형택 목사


이름을 알고 얼굴을 보고 삶을 나누다 보면 사귐은 깊어지고 넓어집니다. 이찬용 목사님과 23년 우정은 참으로 투명하고 맑습니다. 성만교회를 방문하면 다른 면에서 '쿵'하고 놀랍니다. 계단 하나하나 장식된 오래된 소품들, 기와 화분에 야생화를 심어 고향을 느끼게 하는 정서… 성만교회에는 따뜻하고 과감한 모습이 있습니다.
'꿈을 꾸게 하고', '꿈을 먹게 하고', '꿈을 이루어가는' 실천 목회에 관한 책이 출간되어 감사합니다. 거창하게 포장하지 않는 진솔한 경험을 느껴보시길 기대하며, 누구에게나 필독을 권합니다.

- 미국 메릴랜드중앙침례교회 심종규 원로목사


다윗은 언약궤가 예루살렘에 들어올 때 뛰놀며 춤을 추었습니다(삼하 6:14). 주체할 수 없는 행복감이 온몸으로 표현된 것입니다. 《이찬용 목사의 행복한 목회 이야기》는 목회가 주는 행복감을 진솔하게 전합니다. 책의 모든 페이지는 행복으로 춤을 춥니다. 행간에 흐르는 이야기는 독자들에게 행복을 선물할 것입니다. 아름답습니다. 목회를 행복으로 누릴 수 있는 목회자, 그가 바로 이찬용 목사님입니다.

- 제자교회 유충국 목사

이찬용 목사님은 늘 만나면 사진을 찍습니다. 그리고 늘 뭔가를 기록합니다. 목회 이야기, 삶의 이야기, 세상의 이야기, 있는 그대로의 소박하고 진솔한 이야기를 남깁니다. 참으로 감동적이고 뜨겁습니다. 그리고 행복하고 아름답습니다. 아이들의 이야기, 청소년의 이야기, 젊은이들의 이야기, 장년과 노년의 이야기, 하나하나가 기쁨의 웃음과 즐거움을 선사합니다. 좋습니다. 정말 좋습니다. 이 글을 통해서 모두가 같은 감동과 행복을 느끼길 바랍니다.

- 창원 기쁨의교회 노완우 목사

《이찬용 목사의 행복한 목회 이야기》는 예수님 한 분으로 만족하는 한 평범한 목회자의 이야기이지만, 그분이 너무나 사랑하는 예수님을 자신의 손과 발을 통해 이웃에게 드러내는 비범한 이야기입니다. 평범함 속에 숨어 있는 예수님으로 가득한 행복 이야기를 강추합니다.

- 미국 남가주사랑의교회 노창수 목사

"천재는 노력하는 사람을 이길 수 없고, 노력하는 사람은 즐기는 자를 이길 수 없다"는 말이 있습니다. 제가 알고 있는 이찬용 목사님은 누구보다도 목회를 즐기시는 분이십니다. 장안의 화제가 될 만큼 행복한 목회자입니다. 그 행복이 있기에 언제나 지칠 줄 모르는 열정으로 도전하고 새로운 모험을 감행하십니다. 그 모습이 눈이 부시도록 아름답습니다. 그 행복한 목회 이야기들이 한

권의 책에 고스란히 담겼습니다. 한번 손에 잡으면 멈출 수 없는 그런 재미와 감동의 두 마리 토끼를 함께 잡고 있는 책이기에 강력히 일독을 권하고 싶습니다.

- 백석대학교 실천신학대학원장 이우제 교수

이찬용 목사는 겉으로는 왠지 투박하다는 느낌이 들지만, 그의 속마음은 참 따뜻하고 부드럽습니다. 어려운 이웃들을 돌보고 하나님의 기쁨이 되는 일이라면 발 벗고 나서는 착하디착한 마음으로 꽉차있습니다.

그의 목회의 삶은 늘 새로운 아이디어가 샘솟고 실천함으로 더욱 빛이 납니다. 그러기에 목회 이야기 또한 아름답고 생명력이 넘쳐나며 보석같이 빛을 발합니다. 알아갈수록 참으로 멋진 목사입니다.

- 동탄시온교회 하근수 목사

목회를 행복으로 느끼며 보화 같은 이야기를 만드는 이찬용 목사님이 부럽네요. 앞으로 더 많은 행복의 이야기를 기대해 봅니다.

- 신현교회 김요한 목사

사람이 참 재미있습니다. 함께 하고 싶습니다. 독특함이 있습니다. 번뜩이는 지혜가 있습니다. 꾸밈이 없습니다. 통이 큽니다. 이런 사람이 있을까? 내가 곁에서 본 이찬용 목사입니다.

그는 글도 잘 쓰고 목회도 성도들과 참 즐겁게 합니다. 꿀벌들이 수많은 곳을 찾아다니면서 꿀을 모아 꿀통에 넣어 사람들에게 달콤함과 유익을 주듯, 바로 이찬용 목사의 글이 꿀처럼 모아져 책으로 나오게 됨을 진심으로 축하합니다. 읽는 모든 자들에게 큰 기쁨과 유익이 되리라 확신합니다.

- 목양교회 이규환 목사

생명이 있는 모든 것은 행복을 꿈꿉니다. 그래서 행복을 찾기 위해 자기 상황에서 애를 씁니다. 그러나 행복은 사랑할때만 얻게 되는 선물입니다. 이찬용 목사님을 뵐 때마다 이웃사랑이 목회철학임을 확인하게 됩니다. 이찬용 목사님께서 목회하면서 성도들 뿐 아니라 아이들과도 격이 없이 부대끼며 행복한 목회 이야기를 써내려 가는 모습 속에서 예수님의 자비와 사랑으로 소외되고 연약한 자들과 더불어 지내는 모습이 오버랩 됩니다.

저자의 목회이야기는 그냥 얻어진 것이 아닌 눈물과 희생을 통해 이웃사랑 실천으로 얻어진 것이기에 우리 모두에게 참 행복이 무엇인지 알려 주는 귀한 선물입니다. 행복한 목회를 갈망하는 분들에게 강추합니다.

- 미국 은혜한인교회 한기홍 목사

# 머리말

　스펙을 먼저 내세우는 세상에서, 목회자로서 스펙을 말하긴 너무나 초라하고 부끄러웠습니다. 하지만 이런 모습으로 주님께 부름받은 것만은 분명하기에 제 안의 자신감은 충만했습니다.

　성도들에게 잘 가르치는 목회자는 아닐지라도, 성도들과 함께 뒹굴며 잘 놀아 줄 자신은 있었습니다. 무슨 일이든 재밌게 만들 자신도 있었습니다. 성도들의 주머니를 노리는 목회만은 안하리라 다짐에 다짐도 했습니다.

　저를 부르신 주님만 보리라~!

　하지만 잘하겠다고 큰소리친 목사였지만, 주님은 늘 저를 한없이 부끄럽게 만들어 오셨습니다. 언제고 주님의 은혜가 너무너무 컸기 때문이고, 제가 생각한 것보다 늘 넘치게 저를 대해 주셨기 때문입니다. 주님의 그 변함없으신 사랑과 용납하심, 성도들의 고마운 마음으로 저는 지금 성만교회의 담임목사로 30년을 너무도 큰 행복과 성취감과 감사를 누리며 지내고 있습니다.

지난 30년, 제가 믿는 주님 때문에 저와 우리 교회가 얼마나 행복하게 지냈는지 이 세상에서 주님을 섬기는 것이 얼마나 행복한지, 교회라는 이 지구상에서 가장 강력한 공동체의 힘이 얼마나 대단한지 말하고 싶었습니다.

예수 그리스도~!
그분은 너무도 귀한 분이기에 감히 함부로 말할 수조차 없습니다. 일찍이 우리 믿음의 조상 사도 바울은 그분이 너무너무 귀해서 자신의 모든 것을 배설물로 여길 정도였으니까요.

너무도 소중한 그분의 30년 우리 성만교회를 인도하신 이야기들을 매주 목회수첩이라는 지면을 빌려 주보에 기록해 왔습니다. 그리고 그 기록은 성만교회의 역사가 되었습니다.

30년의 목회는 큰 사랑이었지만 늘 빚진 자의 마음이기도 했습니다. 남편과 아빠를 교회 성도들에게 내어주어야 하는 시간이 많았던 제 아내 배현주 사모와 큰딸 이지혜, 작은딸 이예현에게 고마운 마음을 전합니다. 무엇하나 아쉬울 것 없는 감사한 지난 30년이었지만, 가족과 많은 시간을 함께하지 못한 미안한 마음이 제 안에 자리하고 있는 건 사실입니다.

이 땅에서 개척교회 목회자로 살아간다는 것, 그리고 그 가족의 구성원이 되어 살아간다는 건 결코 쉽지 않은 길이기도 합니다. 하지만 우리 가족 모두가 늘 감사한 마음으로 살아갈 수 있는 원동력은 주님이 우리 교회뿐 아니라 우리 가족의 삶도 신실하게 인도해 주셨기 때문이라고 고백할 수 있습니다.

평생 한 교회를 개척하고
그 교회에서 아름답게 은퇴할 수 있는 긍휼을 구하는
성만교회 이찬용 목사

# 목차

추천의 글 · 5
머리말 · 11

## 1
### 이런 교회 하나 괜찮지요?

은혜의 목회 여정 · 20
이런 식당 하나쯤 괜찮죠? · 24
교회 김장 1,500포기 · 27
지루하면 목회해~! · 30
한 뼘쯤은 자랐겠죠? · 34
울컥했습니다 · 37
월요일 오후 · 41
대한민국에서 제일 싸게 팝니다 · 45
외로운 시대, 교회의 역할 · 49
교회를 아이들의 '고향'처럼 · 53
움츠려요? 뭐시가요? · 56
아빠는 요리사 · 59

조금은 털털하게 · 62
2:2 미팅 괜찮아요? · 66
추억 만들기 · 70
이번 생은 갓생이라! · 74
아! 천만 원 · 78
사람에게 투자하라 · 81
코로나와 꼼지락 목회 · 85
권사 선거 떨어지신 분? · 89
우리 교회는 어떤 이웃일까? · 93
거침없는 즐거움 · 97
목사님~! 여기 좀 봐 주세요? · 101

제가 다쳐 다행이에요 • 106
이심전심! 담임목사와 두 권사 • 110
왜 다쳤냐고요? 일단 만 원! • 114
일단 만 원 줘 보세요 • 117
어느 초보 신자의 편지 • 121
조폭에게 세례 주기 • 124
오만 원의 행복 • 128
은혜~ 은혜롭다 • 131
목사님! 저 차 샀어요 • 135
미워할 수 없는 악동들 • 138
할머님들과 수다 • 142
목사님~ 도망 치셨다면서요? • 146
땡큐! 보이스피싱 • 149
가만히 좀 있으라 • 153
벧세메스 암소처럼 • 157
쉬브 복사와 남희 사모 • 160
참! 잘 왔다~ • 164
목사님 젊은 여자만 좋아해 • 168
야매~박영식 집사님 • 171
저 원래 이런 사람 아니었습니다 • 174

# 2

## 성만교회 목사여서 행복합니다

코로나 은혜 - 고통? · 178
우리 성도들도 이런 마음이겠지 · 181
내가 있어야 할 자리 · 184
의지할 것 많은 세상 · 188
약게? 단순하게? · 192
검소와 인색 · 196
누가 먼저 어려움을 감당할까? · 200
선한 사마리아인 되기 · 203
하나님의 사람이 사는 법 · 207
길 위의 인생 · 211
종교 생활? 은혜 생활? · 215
교회의 계륵, '어린아이 신자' · 219
좋은 교회, 유능한 리더 · 222
이간시키는 성도 · 225
내 인생의 시간? · 229
거지 같은 신앙생활 · 232
뭣이 중헌디? · 235
계산 잘함? 헌신 잘함!! · 239
교회학교! 단 한 사람만 있어도 됩니다 · 243
천연기념물 목회 · 246

# 3

## 당신의
## 믿음의 현주소는
## 어디인가요

생각의 함정 · 250
우이~C 감사합니다 · 254
마음 쓰기 · 258

# 4

## 삶은
## 주님의 은혜입니다

버티기 한 판 · 262
내 인생 마지막 숙제 · 265
새롭게 발견한 목사의 사명 · 268
아니~! 뭐가 이상합니까? · 272
베드로의 그 밤, 오늘의 나 · 276
잔디 깎기 부모 · 280
참새 리더십 · 284
너 군대 가면 나 목회 접으련다 · 288
낭만목사 김 목사 · 291
내게 전화하지 마세요 · 294

별에서 온 그대 · 298
나는 목사님을 규탄합니다 · 302
깡통 찌그러트리기 · 306
지하 3층 · 310
하나님의 음성을 처음 듣던 날 · 314
구원 그 이후의 삶은? · 318
목사도 축복을 받아야 합니다 · 322
주의 일 하는 법 · 325
우이 씨~ 할렐루야 · 329
할아버지 되던 날 · 333

# 1

이런 교회 하나
괜찮지요?

## 은혜의 목회 여정

새벽예배가 끝날 즈음이었습니다. 예배에 참석한 성도들에게 "저를 위해서도 기도해 주세요. 끝까지 잘하는 목회자가 될 수 있도록, 성만교회를 개척한 목사로서, 이 교회에서 은퇴할 수 있는 은혜를 주시도록요!" 하고 기도를 부탁드렸는데 그냥 울컥했습니다.

이번 주는 교회 창립주간이거든요. 누군가 말하듯 지난 시간이 그냥 꿈같습니다. 참~ 아름다운 꿈 말이지요.

두 교회에서 부교역자로 사역하다가, 미국에서 목회할 뻔하기도 했습니다. 서울의 큰 교회 목사님이 1993년 당시

러시아 선교 문이 열린 지 얼마 되지 않았으니 선교사로 나가라고 하신 적도 있습니다. "대한민국에 십자가 많은데 무엇 하러 이 목사도 십자가 하나 더 얹으려 합니까? 우리 쪽에서 파송해 줄 테니 선교사로 나가세요" 하셨지만, 아무리 생각해도 저는 선교사의 은사가 없었습니다. 제 자리는 현장 목회자였습니다.

대한민국에서 교회를 개척하는 것은 온 가족을 저당 잡고 하는 것이라 하던데요. 전세금을 빼서 39평짜리 자그마한 공간에서 개척을 시작했습니다.

그다음은요? 그냥저냥 지냈습니다. 매달 내야 하는 월세를 걱정하기도, 이런저런 사람들을 겪기도, 돈의 위협 앞에서 한없이 작아지기도, 제가 섬기는 예수님은 보이지 않고 힘 있고 돈 있는 성도가 먼저 보여서 그렇게 하지 않으려고 애쓰기도, 남몰래 뒤돌아서서 홀로 울음을 삼키기도, 믿었던 사람들의 배신도 당했습니다. 그렇게 세월이 흘렀네요.

지난 목회를 돌아보면 "그 어느 것 하나 주의 은혜가 아닌 게 없습니다"라는 찬양 가사의 고백과 동일하게 이야기할 수밖에 없습니다. 하나님께서 용납하시고 성도들이 주는 사랑을 입어 행복한 세월을 지내올 수 있었거든요.

문제요? 물론 많이 있었죠. 하지만 그럴 때마다 문제보다 더 크신 우리 주님은 피할 길과 감당할 힘으로 도와주셨습니다. 이제 마지막인가 싶을 때도 있었지만 시간이 가고, 세월이 흐르니 문제도 아닌 그냥 작은 것으로 남아 있더라구요.

그래서 새벽예배 후 "끝까지 잘할 수 있도록 기도해 주세요" 하고 기도 부탁을 드리는데 그냥 속에서 뭔가가 '울컥' 하고 올라오는 것이었습니다. '감사'라는 단어는 그럴 때 사용하라고 있는 것 같기도 합니다. 세상이 저를 중심으로 움직이는 것만 같습니다. 저만큼 주님의 사랑을 받고, 성도들의 아낌없는 지원을 받는 목회자가 있을까 싶을 정도로 감사했습니다.

심방 가는 길에 어떤 성도와 이야기를 나누는데, 요즘 전도가 재미있다고 하면서 "전도해도 받아들이지 않는 사람을 만나면 '우리 같은 교회를 만나지 못하면 자기가 손해인데 왜 이걸 모르지?' 하는 안타까운 마음이 든다"면서, 교회에 대한 이런저런 말을 하는 것입니다.

"목사님! 우리가 사는 아파트에 목사님 팬이 무척 많아요. 얼마 전 우리 교회에 처음 나오신 부동산 하는 언니가 제일 자랑 많이 하던데요?"

좌우간! 저는 하늘의 복을 받은 목사 같답니다. 행복한 목회자, 저를 지지해 주는 성도들, 주님의 용납하심을 받는 목회자 말입니다. 계속 이 상태로 쭈욱~ 은퇴할 때까지….

# 이런 식당 하나쯤 괜찮죠?

나이별로 점심값을 받는 '행복한 식당'이 4월 초에 문을 엽니다.

1. 70세 이상 어르신 : 1,000원
2. 60~69세 청춘 : 7,000원
3. 60세 미만 : 20,000원

- 영업시간 : 화/수/목/금 (오전 11:30 ~ 오후 2시)
- 60세 미만 분들은 주변의 다른 식당들을 이용해 주시기 바랍니다.

지금 우리 교회가 시작하려는 '행복한 식당'의 커다란 창에 붙은 현수막입니다.

리모델링 디자인 작업에 들어갔고요, 한 달쯤 작업을 끝내고 4월 초에 공개할 예정입니다. 실내 장식을 하는 이유영 권찰이 저와 통화 중 "목사님~ 천 원짜리 점심이지만, 10만 원짜리 식당처럼 꾸미고 싶습니다!" 했습니다.

그래서 어떻게 했느냐구요?

"네 마음대로 마음껏 해라"라고 했습니다.

무슨 말이 더 필요하겠습니까? 천 원짜리 식사하는 자리이지만, 그분들이 편안하게, 우리가 할 수 있는 최대한으로 멋지게 꾸며 대접하고 싶다고 하는데 말입니다.

점심은 어르신들을 대접하지만, 저녁은 우리들의 아름다운 공간으로 만들어 볼 예정입니다. 우리 교회 기획부에 어떻게 운영하면 좋을지 생각해서 내게 알려달라고 부탁도 했구요. 기획부가 앞으로 어떻게 운영할지 저와 우리 교회 장로님들, 권사님들에게 지혜를 빌려줄 겁니다.

"목사님~ 이제 제가 주님을 위해, 복음을 위해 할 일이 생겨 가슴이 뜁니다. 주님은 정말 살아 계셔서 목사님과 우리 성만 교회를 돕고 눈동자 같이 지키고 계시는 듯합니다."
"목사님, 하나님께서 기뻐하시고 더 큰 섬김도 할 수 있게 해 주실 것 같습니다. 목사님~ 기쁘고 감사합니다."

카톡으로 제게 마음을 전달해 주시는 권사님들도 계시구요. "목사님! 왜 이리 제 마음이 뛰고 감사한지 모르겠어요~" 하시는 말도 몇 분께 들었습니다.

우리는 잘 알고 있습니다. 선한 일을 한다고 모든 사람, 모든 성도들이 박수 치는 것이 아니라는 사실을요. 하지만 우리는 이제 가야 하는 길이기에 발을 내딛습니다. 이런 식당 하나쯤 어떻습니까? 괜찮지 않습니까?

식사하러 오시는 할머니, 할아버지들이 행복하고, 음식을 준비하는 우리 권사님들이 행복하고, 그것을 접대하는 우리 장로님들이 행복하고, 멀리서라도 그 모습을 지켜보는 사람들이 행복한 식당. 기쁨과 섬김이 어우러지는 그런 식당 말입니다.

우리 교회는 그런 식당을 하나 가진, 그런 교회가 되었습니다.

## 교회 김장 1,500포기

코로나 이후 우리 신앙생활 모습도 달라진 것들이 참 많습니다. 일단 젊은 층을 중심으로 주일에 꼭 교회에 오지 않아도 된다는 인식이 강해진 듯합니다. 귀찮게 일찍 일어나 단장하고, 주차도 불편한데 집을 나서야 하고, 이런 행위들을 귀차니즘으로 생각하고, 어디에서나 주님이 계시니 때론 여행 가서도, 집에서도 예배드릴 수 있다는 생각들이 만연해진 것 같아 마음 한쪽엔 '이건 아닌데…' 하는 마음이 듭니다. 하지만 그런 대세를 누그러뜨릴 마땅한 대안을 사실 교회는 갖고 있지 못한 것 같습니다.

내가 주일을 지키지만, 세상을 향해 열심히 달려가는 나를 주일이 지켜 주는 건 아닐까요? 내가 무슨 능력으로 주일을 지키겠습니까? 주님이 지킬 힘을 주시고, 은혜를 주시니 예배당을 향해 주일에 발걸음을 옮길 수 있는 것이지, 나의 무슨 의지와 노력과 공로가 있어 주일을 지키겠습니까?

"내가 주일을 지키는 것이 아니라 주일이 나를 지켜준다."

언젠가 예배 시간에 저와 성도들이 복창한 단어이기도 합니다. 우리가 찾으면 얼마나 편하고 쉬운 길을 찾겠습니까? 신앙생활은 쉽고 편한 길을 찾는 것이 아니라, 주님과 동행하는 길입니다. 아무리 환경이 좋아도 주님과 함께하지 않는 길은 지옥이요, 아무리 환경이 어려워도 주님과 함께하는 길은 천국임을 우리가 인정하는 것 아닐까요?

지난주 토요일 우리 교회는 김장 1,500포기를 했습니다. 우리 교회가 주일에 사용하고, '행복한 식당'에서도 사용해야 해서 다른 때보다 500포기 정도 더 한 것 같습니다.

아침 7시부터 시작된 김장은 전날부터 준비 작업을 해 놓

앉기에 편할 줄 알았더니, 이게 보통 일이 아니었습니다. 배추를 절여서 하는 게 아니라 절인 배추를 사서 하는데도 보통 일이 아니었구요. 거의 100여 명 되는 성도들이 나와서 '으샤으샤' 해서 겨우 끝낸 대장정이었습니다.

무슨 일이든 혼자 하면 노동이지만, 여럿이 함께하면 그 어떤 일도 축제가 된다는 것이 우리 교회가 갖고 있는 생각이기도 한데요. 배추를 내리고, 물빼기 작업을 하고, 무 생채를 만들고, 양념을 무치고 하는 작업들이 김장을 하는 게 아니라 거의 공장 수준이었습니다.

제 친구 목사님들에게 우리 교회 김장하는 모습을 사진으로, 영상으로 보여 줬더니 김장하는 교회들이 거의 없더라구요. 이게 다 옛날이야기가 되어 버린 거 같아요. 그래도 우리는 아직 어렵다 하지 않고, 기꺼이 나와 합력하는 교회의 모습을 갖고 있어, 주님께 참! 감사했고, 합력한 성도들 한 분 한 분이 그리 고맙더라니까요.

"고맙다~!" "참~! 감사하다….." 이런 말 제대로 못해도 이게 진짜 제 마음이랍니다.

# 지루하면 목회해~!

부천 정금교회 이태국 목사님과 오랜만에 만났습니다.

하루는 이태국 목사님이 둥글레차를 끓여 전도를 하러 나갔는데 약간 술에 취한 남자분이 다가와서는 "아 저 그 뭐냐, 오정경찰서 앞에 그 교회 다니는 권사가 얼마나 악착같이 교회에 나가자고 하는지 그 교회에 한번 갔습니다" 하더라는 겁니다.

그래서 "아, 그러세요? 좋은 교회입니다"라고 했더니 술 취한 분이 "근데요. 그 교회 목사님이 얼마나 무서운지 혼났습니다"라고 해서, 둘이서 깔깔깔 웃었던 적이 있습니다.

저는 무섭게 한 적이 없는데 말이지요.

우리 교회 정순애 전도사님과 교구 식구들과 함께 요양병원 심방을 다녀온 적이 있습니다. 형편이 참 어려웠는데 그간 사정이 많이 나아졌고, 게다가 어머니를 얼마나 극진히 모시던지 제가 참 고마웠습니다.
"장하고 고맙다"라고 했더니, 그 성도가 하는 말이 "제가 어려울 때 목사님이 하셨던 설교 말씀이 끈이 되어서 저를 지금까지 오게 했습니다. 제가 더 잘할게요" 하는 것입니다. 저는 사실 그 성도에게 별로 잘해 준 기억이 없는데, 그런 말을 들으니 더 미안해지는 마음이었습니다.

한번은 어느 성도가 "목사님! 우리 남편이 목사님을 얼마나 미워했는지 아세요?" 하는 겁니다. 왜냐고 물었더니 "교회에 오면 꼭 목사님이 자기 이야기만 한대요. 제가 목사님께 일러바쳐서 목사님이 설교 시간만 되면 자기 이야기를 한다는 거예요" 하는 것입니다.
얼마 전에도 목사님이 자기 이야기를 해서 부부가 언쟁이 있었는데, 남편이 가만히 생각하니 그게 아닌 것을 깨달

게 되었답니다. '아내가 목사님에게 이야기할 시간이 없었는데, 목사님이 어떻게 알고 내 이야기를 하시지?' 하면서 스스로 오해를 풀었다네요. 그 부부는 그때를 생각하면 깔깔 웃는다고 합니다.

어릴 때 교회를 다니다 그만두고 우리 교회 집사님의 전도로 교회를 다시 오게 된 성도가 있습니다. 역시 그 성도도 설교 시간 내내 목사님이 자기 이야기만 해서 눈물도 나고 창피하기도 해 그냥 나가려고 했다고 합니다.

성도들은 목회자가 전하는 말씀에 은혜받기도 하고, 힘을 얻기도 하는 건 분명합니다. 하지만 같은 말씀에 누군가는 상처를 받기도 하거든요. 똑같이 성령의 인도함을 받은 베드로의 설교에는 많은 사람들이 회개하고 돌아오는데, 스데반의 설교에는 상처받고 도리어 돌로 쳐서 죽이기도 한 것처럼 말입니다.

그 때문에 목회는 감격과 감동과 상처가 함께 있다고들 합니다. 상처받고 우는 성도를 얼마든지 위로할 수 있는 자리이기도 하고, 목회자는 아무렇지도 않은데 오해가 쌓여서 대립할 수도 있습니다. 영광과 상처가 함께 있는 자리,

그 자리가 목회자의 자리입니다. 목회는요, 참 지루할 틈이 없는 게 분명합니다. "지루하면 목회해~!"

# 한 뼘쯤은 자랐겠죠?

방학이면 우리 교회에서는 '독서마라톤'이라는 걸 합니다. 여름방학, 겨울방학이면 아침 10시부터 오후 5시까지 교회에서 공부하는 프로그램입니다. 몇 년 전 방학 때 부모님들이 직장에 나가고, 아이들이 학원 다녀오면 할 게 없어 괜히 빈둥거리기만 하고 식사도 부실해 보여서 생각한 것입니다.

비어 있는 공간에 아이들을 모아 공부하게 했구요. 각 교구별, 부서별로 돌아가며 점심식사를 준비했습니다. 프로그램 중 하나로 독서마라톤 여행이 있습니다. 이번엔 강원도 홍천에서 장로님들과 아이들 80여 명이 족대로 고기잡이 체험을 하기로 했습니다.

그런데요? 마침 그날 80년 만의 폭우로 대한민국 전체가 물난리가 났습니다. 새벽기도 시간에 제가 부모님들에게 목회서신을 보냈습니다.

"이번에 계획한 강가에서 족대로 물고기 잡기 체험은 80년 만의 폭우로 다음 기회로 미뤄야 할 듯합니다. '이런 갑작스러운 상황에서 어떻게 해야 하나?' 교회는 아이들에게 이런 상황에서 어떻게 대처해야 복된 시간으로 연결할까를 체험시켜 보려고 합니다.

일단 계획대로 오늘 정시에 출발해서, 강원도 홍천 재래시장에서 점심을 조별(아동부, 중·고등부 8명 정도로 구성)로 해결합니다. 그 후 조별로 재래시장 체험을 하며, '시장에서 뭘 사지?' '저녁 반찬은 뭘 하지?' '조원들은 어떤 걸 먹고 싶을까?' '예산은?' 등등을 서로 의논하도록 해서 진행하겠습니다. 저녁식사 때는 밥만 교사들이 도와주고 조별로 시장 본 것으로 저녁 반찬과 야식 그리고 다음 날 아침까지 해결하도록 하겠습니다.

강에 물이 너무 불어서 들어가는 건 아무래도 어려울 듯하구요. 내일은 드라이브하며 넘치는 강물과 좋은 풍경들을 차창 밖으로 보게 하겠습니다. 강원도 양구에 있는 서민의 화가이자 20세기 가장 한국적인 화가로 평가받고 있는 박수근 미술관을 탐방하고 교회로 돌아오려고 합니다. 안전하고 행복한 여정이 될 수 있도록 기도해 주세요.

'80년 만의 폭우야. 어떻게 강에 가서 물고기를 잡아…? 가지 말아야지'가 아니라 이런 상황에서 어떻게 주님과 함께 공동체가 행복할 수 있는지를 체험시켜 보겠습니다. 편안한 마음으로 저와 우리 장로님들과 교사들을 믿고 아이들을 보내 주셔요. 우리는 성만패밀리입니다. 안전하고 즐겁고 행복한 여정이 되게 잘 꾸며 보겠습니다."

- 성만교회 이찬용 목사 드림 -

어떻게 됐냐고요? 아이들 표현대로 하자면 '찐~!' 즐겁고 행복한 시간이었답니다.

교회는요, 신앙은요, 어떤 상황에도 주님께 묻고 그 길을 가는 것임을 체험한 복된 시간이었던 것 같습니다. 모든 영광 하나님께!

## 울컥했습니다

'우리들의 행복한 이야기'는 우리 교회 공동체 전 세대가 어우러지는 프로그램입니다. 지난주 730여 명이 20대의 대형버스와 자가용을 이용해 강원도 속초로 1박 2일 여행을 다녀왔습니다.

주일 1부 예배 후 출발하는 팀이 17팀, 2부 예배가 끝나고 출발한 팀이 3팀, 저와 몇몇 부교역자들은 3부 예배가 끝나고 출발했습니다.

네이버 '부천성만교회' 카페에 20개 조도 후기를 올리고 교회 공통적으로도 후기를 올렸습니다. 대부분 감사하다는 댓글들이었습니다. 댓글을 읽던 중 그만 제가 감사함에 '울컥' 했습니다.

"우리들의 행복한 이야기를 위해 사전답사를 꼼꼼하게 하고, 섬세하게 준비물에 간식까지, 하나부터 열까지 너무 감사만 넘치는 하루였습니다. 무엇보다 행복이 뭔지를 모르겠다고 하던 아들이 '오늘 너무 행복했다'고 한 말에 울컥했습니다. 성만교회에 감사합니다. 우리들의 행복한 이야기를 위해 애써 주신 모든 성만 식구들께 너무너무 감사합니다."

댓글 모음에 올라온 내용입니다. 행복이 뭔지를 모르겠다고 하던 아들이 오늘 너무 행복했다고 한 말에 울컥했다며 엄마가 쓴 글이었습니다. 그 글을 읽는 저도 '울컥' 하고 말았습니다.

우리를 인도하신 하나님께 감사하고, 수고하고 애써 준 조장들과 총무들이 고맙고, 그 강원도 속초 먼 길을 다음 날 출근해야 하는데도 자가용으로 달려와 함께해 주고, 저녁에 그 막히는 길을 다시 올라간 성도들도 제법 있음을 알기에 더 감사하고 고마웠는지 모릅니다.

그냥 이런저런 생각들이 스치고 지나가던 중 '족하다!'라는 표현은 이때 딱 맞는 표현이 아닐까 하는 마음도 들고 말입니다.

교회도 성도들도 숙소, 대형버스, 부대비용 등 꽤 많은 돈이 들어갔지만, 성도들에게 이런 마음이 들었다면 족하구요. 앞에서 수고한 분들의 결과가 이런 것이라면 우리 모두의 수고는 '족한 것 아닌가?' 했습니다. 살면서 이런 마음 들기가 그렇게 흔치 않은데, 많은 성도들 마음속, 생각과 입술에 '행복했다' '감사하다' '즐거웠다'는 소리가 들려오니 족하고도 남지 말입니다.

어머니가 울컥했던 그 마음! 제가 그 댓글을 읽는 순간 그 마음을 조금 느끼며 울컥하고 감사한 마음이 들었구요. 이번 주 내내 만나는 성도마다 "행복했노라", "감사하다", "목사님은 너무 소리를 치셔서 목은 불편하지 않으시고 괜찮으시냐?" 묻고 소감을 말했습니다. "심지어 목사님~ 내년은 어떻게 하실 계획이세요?" 하고 묻는 성도들도 있구요.

'우리들의 행복한 이야기'에 참석하겠다고 벼르고 벼르다 코로나에 걸려 함께하지 못해 아쉬워하는 성도들도 제

법 있었습니다. 제일 안타까운 건 헝가리에서 이 일정에 맞춰 한국에 나와 참석하려고 했는데, 이틀 전에 코로나에 걸려 집에만 있어야 했던 유상호 집사일 겁니다. 그래도 '우리들의 행복한 이야기'는 계속 이어 가고 감동적인 사건들도 우리 주님이 계속 허락하실 것이라는 믿음이 제 안에 아직 충만하답니다.

# 월요일 오후

월요일 오후, 교회에 들렀더니 북적거리는 모습이었습니다. 우리 교회는 월요일에는 될 수 있으면 일을 만들지 않는 게 원칙이라 한가한 날이 대부분인데 지하주차장에도 차가 많이 주차되어 있더라구요.

차가 많은 이유는요? 우리 교회는 한 달에 한 번 마흔다섯 분의 독거 어르신들에게 반찬을 해 드리고 있는데, 정순애 전도사님과 6명의 성도가 나와서 그 작업을 하고 있었습니다. 그리고 교회 식당 전체 형광등 교체 작업을 백철용 장로님과 최상호, 이종수 집사가 하고 백철용 장로님 아내 되는 김은주 권사님이 뒤에서 청소로 돕고 있었습니다.

반찬을 준비하는 성도들은 뭐가 그리 좋은지 연신 깔깔대고 그 소리가 싱그럽고 즐거워 보였습니다. 펜데믹 시대에 각자 나름대로 어려운 시간을 버티고 이겨 내고 있지만, 어쩌면 우리 교회가 정성을 담아 드리는 반찬을 기다리는 분들이 더 어렵지 않을까요?

우리 성도들이 전해 드리는 반찬은 그저 한 끼 때우는 반찬이라기보다 따스한 정까지 함께 담아낸 행복이 아닐까 하는 마음이 들었습니다.

"이번엔 무슨 반찬이에요?"
"네 목사님. 닭고기 육개장하구요, 어르신들이 두고두고 드신다는 소고기 장조림, 두부양파조림 준비하고 있습니다."

어르신들이 용기 걱정한다고 "친환경 그릇들을 사용하니 걱정하지 마시라"는 안내문까지 붙여 마음을 놓이게 하는 포장도 감사했습니다. '저렇게 즐겁고 감사하고 기쁘게 음식을 준비해 전해 드리는 게 어떻게 맛나지 않을 수 있을까? 어르신들이 매달 이날을 굉장히 기다린다고 전해 주시는 사회복지사님의 말이 그냥 하는 말이 아니라는 확신도 들었습니다. 그 곁엔 우리 교회의 어려운 일을 도맡아 책임져 주시는 브라더스팀 백철용 장로님과 최상호, 이종수 집사님이 있었습니다. 식당 전체를 LED등으로 교체하는 중인데, 이종수 집사는 식당 천장으로 올라가 작업하고 있다고 하네요.

"목사님~ 브라더스팀이지만 바빠서 함께하지 못하는 곽수중 집사가 형광등을 사서 찬조했기 때문에 돈 들어갈 일은 없습니다."
"오늘 식당 등 교체작업 끝내고요 내일 제가 시간 괜찮으니 식당 주방 등도 교체하고 너무 어두워서 10개쯤 더 추가해 놓겠습니다."

백 장로님이 말씀하시더라구요. 저에게 나무는 그냥 나무였는데, 교회 건축하면서 나무를 심어 보니 그 나무가 다 돈이더라구요. 교회 식당 전체 형광등을 교체하려면 비용이 꽤 들겠다 싶었구요. 백철용 장로님은 그냥 당연히 해야 할 일을 한다는 듯 무심히 말씀하셨습니다,

지난 월요일 우리 교회의 모습은요?

한가한 교회, 한적한 교회의 모습이 아닌 헌신, 봉사, 감사, 기쁨이 어우러진 행복한 공동체의 모습을 갖고 있었답니다. 그리고 저는 이런 교회의 담임목사구요.

## 대한민국에서 제일 싸게 팝니다

"배 한 상자에 만 원씩 합시다."
"그렇게 하세요. 그렇게 한다면 공짜로라도 드려야지요~"
"감사해요! 제가 장로님들과 의논한 후 교회에 말할게요~"

(우리 교회는) 올해부터 제 친구 목사님이 하시던 배 과수원 2,300평 농사를 시작했습니다. 전원 교회에서 농사도 함께하셨는데, 젊은 사람들보다 나이 드신 교인들이 많아 힘들다며 우리 교회에 주신 것입니다.

처음 하는 농사라 사건 사고도 있었지만, 배밭에서 보낸 시간은 우리에게 선물로 허락된 것이었습니다. 할머님들이 배밭에 널려 있는 돌미나리 캐러 갔을 때 '털퍼덕' 주저앉아 "아이고! 이리 귀한 걸~ 이리 맛난 걸~" 하시며 좋아하시는 모습이 눈에 선합니다. 성도들과 배밭에서 라면을 끓여 먹기도 하고 교구 식구들과 일하며 깔깔거리는 시간도 있었습니다.

농사가 쉬운 건 아닙니다. 배 가지치기, 배꽃 따주기, 배 봉지 씌우기, 농약 치기, 비료 주기, 퇴비 주기, 풀베기 등. 연신 37~38도를 넘나드는 한여름에도, 추수를 시작한 지금도 농사일은 계속되고 있습니다.

봄에 찾아온 냉해로 과일이 많이 열리지 않았고, 너무 뜨거운 여름에는 과일을 익히기보다 태워 버려 지금 과일값이 장난이 아닌 모양입니다. 정말 좋고 큰 배는 하나에 만 원 가까이 줘야 먹을 수 있다네요. 지금 우리가 한 박스에 삼만 원씩 파는 배도 시중 가격보다 이만 원 정도 싼 가격이랍니다. 추수가 시작된 우리 배는 당도가 그 어느 배보다 좋고, 황토에서 자란 식감도 끝내줍니다. 그런데 막상 배를 따 놓고 보니 사람들은 '얼마냐'에 더 관심이 많은 듯합니다.

우리가 배 농사를 시작했을 때 돈 때문에 시작한 건 아니었거든요. 그렇지만 봄부터 내 일처럼 수고한 백철용 집사님과 브라더스 형제들 덕분에 추수하는 이 시간까지 올 수 있었기에, 제가 전화를 해서 백 집사님에게 먼저 물어본 겁니다. 우리가 추수한 배를 한 박스에 만 원씩 우리 교회 성도들에게 선물로 주고, 전도를 위해 사용하면 어떻겠냐구요.

백 집사님은 "전도를 위해서라면 공짜로라도 드려야지요~" 하고 말씀해 주셨구요. 이 말을 듣고 제가 우리 장로님들 몇 분과 의논하고 카톡방에 이 글을 올렸습니다. 장로님들도 모두 "그렇게 하시죠~"라고 답하셨구요. 하여 대한민국에서 배를 제일 싸게 파는 결과가 되었습니다.

정말 품질만큼은 자신합니다. 바라기는 이 배가 올 한 해 소중한 분임에도 불구하고 여러 가지 이유로 인사를 못 드린 분들에게 기쁨이 되기를, 전도를 위해 기도는 했는데 기도만이 아니라 그분에게 뜻밖의 선물이 되기를, 우리 교회 부모님이 계시면 그 부모님들에게도 맛나게 드시고 잠시 웃을 수 있는 기회가 되기를, 형제들에게 나눠 주며 우리 교회 대신 기쁨을 배달해 주는 계기가 되길 기도한답니다.

돈보다 더 귀한 게 이 세상에는 얼마든지 많구요, 소중한 배밭의 추억을 돈으로가 아니라 기쁨으로 나누는 게 더 낫겠다 싶어 우리 교회는 이런 선택을 했답니다. 대한민국에서 제일 싸게 파는 배를 통해서 말입니다

## 외로운 시대, 교회의 역할

가슴이 꽉 막힌 듯한 답답함, 한없이 떨어지는 듯한 우울감, 앞이 캄캄하게 느껴지는 막막함. 우리는 외롭습니다. 시대정신이 무엇이냐는 물음에 외로움이라고 답한다고 한들, 전혀 이상하지 않은 시대에 살고 있습니다.

1997년 IMF 경제체제는 우리 사회에 급격한 변화를 가져오게 되었다고 보통 사회학자들은 말합니다. 구조조정을 통해 돈벌이의 주역이었던 남성의 일자리가 사라지고, 전업주부였던 여성이 일터로 나가기 시작했고요. 맞벌이하는 엄마와 아빠가 일터로 나갈 때 유치원이나 학교에 가고 방과 후에 집으로 돌아온 아이는 혼자 밥을 먹고 학원으로

PC방으로 가서 놀았습니다. 이들에게는 누구와 함께 무엇을 하는 게 익숙하기보다는 불편한 것이 되었고요.

지금 20~30대가 된 이들은 혼밥, 혼술, 혼자 노는 게 편해진 세대가 되었다나요. 결혼도 별로입니다. 혼자 지내는 게 그리 불편하지 않으니까요. 이들이 실버세대가 되면 자식도 떠나고 혹 사별이라도 하게 되면 독거노인으로 외롭게 사는 건 당연한 것이 될 겁니다.

어린아이부터 나이 든 노인까지 함께 어울릴 수 있는 공동체가 교회 말고 이 세상 어디에 있을까요? 어린아이부터 노인까지 함께 무언가를 할 수 있는 일들이 교회 안에는 정말 무궁무진하지 말입니다.

보통 교회가 진행하는 여름성경학교를 우리는 '우리들의 행복한 이야기'로 바꿔서 진행합니다. 아주 꼬마부터 노인까지 신청하는 성도들 100여 명씩 10개 조로 묶습니다. 여기서 한 조씩 금요기도모임 특송과 토요일 교회 청소도 합니다.

요즘은 토요일에 조별로 가족 등산을 하기도 하구요. 엄마 아빠와 아이들이 손잡고 걸었던 추억이 지금은 얼마나 될까요? 부부가 손잡고 산책을 하는 경우가 얼마나 될까요? 40여 명 정도 가족끼리 나와서 토요일 오전 10시쯤부터 산책하고 점심식사 후 헤어지게 되는데요. 이게 교회 아니면 어디서 가능하겠습니까?

이제 우리 교회는 조별 여성교구 수구대회를 준비하고 있습니다. 조마다 4명씩 출전해 교회 마당에 임시로 만든 수영장 안에서 진행되는 대회인데요. 이게 진행되는 몇 주간은 온 교회가 들썩들썩합니다. 지금부터 암암리에 선수들을 선발하기도 하고, 연습하는 조도 있다고 하고요.

"그러므로 형제들아 내가 하나님의 모든 자비하심으로 너희를 권하노니 너희 몸을 하나님이 기뻐하시는 거룩한 산 제물로 드리라"(롬 12:1)

구약의 제사는 죽여서 번제물로 드렸지만, 신약에서는 '산 제물'로 드리라고 말합니다. 우리 몸을 산 제물로 드리는 것은 합당하게 내 자신의 삶을 '교회 생활'에 함께하는 것입니다. 교회와 함께하지 않는 삶은 외로울 수밖에 없습니다. 그리고 나이가 들어 노인이 되면 '내 인생이 뭔가' 하는 허탈감이 들 겁니다. 우리는 구원받은 후 개인주의의 삶이 아니라, 내 자신의 삶을 하나님이 기뻐하시는 거룩한 산 제사, 즉 교회와 함께하라는 명을 받았기에 때문입니다.

개인주의가 팽배한 세대에서 교회와 함께하는 삶을 살기… 이게 중요하다니까요.

# 교회를 아이들의
# '고향'처럼 만들어 주고 싶었어요

보통 고향이란 말은 누구에게나 다정함과 그리움과 안타까움이라는 정감을 강하게 주면서도 정작 "이것이 고향이다"라고 정의를 내리기는 어려운 단어라고 합니다.

기성세대들 대부분은 고향에 대한 아련한 그리움이 가슴 한켠에 자리하곤 합니다. 언젠가 우리 교회 장로님들과 고향에 대해 이야기를 나눌 기회가 있을 때, 닭서리 할 때 가만히 자는 닭의 가슴을 안아야 한다며 씨익 웃던 모습, 친구들과 냇가에서 깨벗고(발가벗고) 놀다 신발이 떠내려가 난감했던 추억 등 끊임없는 이야깃거리가 나온 적이 있습니다.

저도 어린 시절 겨울에 썰매를 지치도록 타다가 한쪽에서 모닥불을 피워 놓고 양말을 태워 먹어 엄마에게 혼났던 기억, 아이들과 저녁에 술래잡기를 하다가 굴뚝 뒤에 숨었는데, 제가 좋아했던 여자애가 제 뒤를 따라와 저랑 같이 굴뚝에 나란히 자리했던 순간, 가슴이 쿵쾅쿵쾅 울리며 '이 소리를 얘가 들으면 어떡하지?' 하는 불안한 마음을 가졌던 순간들이 있습니다.

그런데 정작 지금 이 시대는 고향을 잃어버린 세대가 되어 버리고 말았습니다. 함께하는 놀이보다 컴퓨터나 스마트폰으로 혼자 게임하는 게 더 익숙한 세대가 되었습니다. 이런 시대에 교회가 고향의 대안이 얼마든지 될 수 있음에도, 우리 교회는 그러한 기회들을 놓치고 있습니다.

우리 교회는 여름방학, 겨울방학이 되면 학생들과 벌써 몇 년째 독서마라톤이라는 걸 합니다. 보통 화요일부터 금요일까지 아침 10시부터 오후 5시까지 아동부가, 중고등부는 9시부터 6시까지 합니다.

아이들이 책을 읽기도, 선배들이 후배들의 공부를 봐주기도 하는 프로그램입니다. 시간이 되면 저와 장로님들과 홍대에 나가서 런닝맨을 하기도 했습니다. 예술의전당 가우디전을 다녀오기도, 서울 미술관 투어도, 종로서적에서 하루 종일 책을 읽기도 했습니다.

맞벌이 부부가 많은 세대가 되어, 방학이 되면 학원 한 시간 다녀오면 게임을 하거나, TV를 보는 시간이 많습니다. 친구들과 어울려 타락하기 쉬운 청소년기에 교회와 가정이 함께해서 아이들에게 공간과 시간을 제공해 주고, 이 아이들이 훗날 자라서 '교회'라는 단어와 '고향'이라는 느낌은 동일한 정감으로 다가오게 될 것이라는 마음이 독서마라톤을 하면 할수록 들게 되더군요.

교회를 한번 돌아보십시오. 교회는 얼마든지 아이들의 고향이 될 수 있습니다. 깔깔거리고 교회에서 뛰놀고 있는 아이들을 보며 더욱 더 확신을 갖게 됩니다. 학업에만 지쳐 있는 아이를 다그치듯 몰아가는 세상에서 조금은 마음을 내려놓고, 함께 가면 모두가 행복한 공동체를 만들 수 있습니다.

# 움츠려요? 뭐시가요?

'수능 한파'라는 말이 있습니다. 수능시험 보는 날이면 어김없이 찾아오는 추위를 일컫는 말인데, 대학수학능력시험일, 전국 대부분의 아침 기온이 영하로 떨어져 추웠습니다. 게다가 강풍까지 불어 체감온도는 더 낮아진 날씨이기도 했습니다.

아침 9시쯤부터 교회에 한 사람, 두 사람 모이기 시작했습니다. 지하 중예배실에서 수능을 위한 기도회가 시작되었기 때문인가 싶었습니다. 수능기도회는 기도회대로 진행하고, 조경부가 교회 나무들 전지를 했는데 그걸 정리하고 교회 앞 화단에 예쁜 짚으로 만든 옷을 입히기 시작한 겁니다.

추위와 함께 교회 나무들을 정리하기 시작한 조경부는 오후 5시가 넘어서야 겨우 마칠 수 있었는데요, 하루 종일 추위와 씨름한 성도들임에도 불구하고 조경부 박경수 부장님을 중심으로 부교역자 포함 10여 명이 큰 길가에 트리 조명까지 멋지게 만들 수 있었습니다. 기도회는 기도회대로 진행하고, 우리 각자가 할 일은 추위와 관계없이 묵묵히 기쁨으로 감당하는 모습이 아름답고 귀하게 보였습니다.

다음 날은 교회 김장이 시작되는 날입니다. 여기저기 도와달라는 곳까지 합쳐서 올해 김장은 1,300여 포기를 한다고 하네요. 또 아침부터 추위가 득달같이 달려왔습니다. 그래서 성도들이 올까 했음에도 불구하고, 김구환 권사님과 정점례 권사님을 중심으로 70여 명 가까운 성도들이 모였습니다.

무는 왜 이렇게 크고 실한지요? 파는 왜 이렇게 많은지요? 김장하는데, 공사 현장에서 시멘트 비빌 때 쓰는 기계가 윙~ 하고 돌아가며 고춧가루 양념을 하고 있었습니다.

"무엇이든 혼자하면 노동, 함께하면 축제~!" 이 말이 딱 맞는 말입니다. 힘들고 고단할 텐데도 뭣이 그리 우스운지 여기저기 깔깔거리는 소리가 싱그럽게 들리네요. 추위와 코로나 때문에 얼마든지 움츠리고, '이런 상황에 어떻게 모여 김장을 해?', '이런 추위에 무슨 교회 정리를 해?' 해도 할 말이 없을 텐데요. 우리 성도들은 그런 것과 상관없이 묵묵히 자신들의 일을 하는 멋진 성도들이었습니다.

오늘 김장 준비는 끝났습니다. 내일 이제 배추가 오면 버무린다네요. "목사님~ 내일 오전 9시부터 시작할게요" 하는 김구환 권사님의 소리도 얼마나 자신감이 잔뜩 들어갔는지요! 김장 천 포기가 아니라, 만 포기도 금방 해낼 것 같은 모습이었습니다. 이게 성만 DNA이지 싶습니다.

뭔가 움츠리고, 핑계하고, 주눅 드는 상황에서도 그런 것과 관계없이 우리가 할 수 있는 어떤 일을 찾아 해내는 모습 말입니다. 경제도, 지금의 한국이 돌아가는 상황도, 우리 교회가 처한 환경도 그리 좋지 않아 보입니다.

그렇지만 어떠한 상황에서도 멋지게 행복하게 긍정적으로 뭔가를 해내는 성도들이 있어 감사하다는 마음이 드는 날입니다. 갑자기 추위가 도망가고, 따뜻한 햇볕이 드는 느낌은 뭐죠?

# 아빠는 요리사

  교회가 이산가족을 만드는 건 아닐까?

언젠가부터 이런 생각이 제 안에 맴돌고 있었습니다. 제 아버지 시대의 분들은 '교육'이라는 단어는 대부분 사치라고 생각하실 겁니다. 하루 세끼 찾아 먹기 힘든 시대를 지나오신 분들이라, 가장의 책임은 그저 '가족들 끼니 굶기지 않기'라고 생각하는 세대이기 때문입니다.

제가 어릴 적, 엄마는 "찬용아~~ 가장은 아침에 눈뜨면 나가서 가족들 먹을 걸 벌어 와야 된다"라는 말씀을 하신 적이 있습니다.

개척 후 28년이 지나가고 예전 꼬마들이 커서 결혼을 하고, 또 그 가정에서 자녀들이 태어나고 하는 시간이 지나고 있지만, 지금 제게는 가족에게 미안한 마음이, 대부분 다른 가장들처럼 마음 한쪽 크게 자리 잡고 있습니다.

시간을 가족에게 내어주는 법을 잘 몰랐고, 서툴렀기 때문입니다. 가족들과 함께하는 시간 대신, 다른 목회자와 만났고, 전도한다고 뛰어다녔고, 세미나를 찾아다니고, 집회한다고 국내외를 정신없이 다녔었다고 생각되기 때문입니다.

이런 생각이 저를 '가족공동체'에 더 집착하게 만들었는지 모르겠습니다. 교회가 성도들을 무조건 교회로 자주 불러내는 것보다, 가족끼리 시간을 갖고, 신앙공동체를 경험할 수 있도록 돕는 게 더 좋지 않을까 하는 마음이 들었거든요.

그래서 가족끼리 식사를 준비하고, 함께 먹을 수 있도록 해야겠다는 생각까지 들었습니다. 이 생각은 주일날 오후 5시 '아빠는 요리사'라는 제목으로 목회자와 가장들이 각자 식사준비를 하고, 식사할 수 있도록 하자는 데까지 이르렀습니다.

첫 번째 요리를 무엇으로 할지 고민하다가, 새우볶음밥

과 계란국이 선정되었습니다. 저를 도와 김구환 권사님과 정점례 권사님이 음식을 어떻게 하는지 알려 주시고, 제가 요리하는 콘셉트로 가기로 했습니다.

결과가 어떠했냐고요? 줌(Zoom)으로 소통하며 음식을 만들고, 칼질도 제대로 못 하는 가장들 구박하며 만들었고요, 만든 후에는 가족들이 식탁에서 재밌게 식사를 할 수 있었다네요.

더 자세한 건 우리 교회 카페에 가족들이 식사 준비하는 장면들이 있으니 들어가 보세요. 네이버 카페에서 '부천성만교회' 치시면 자유롭게 보실 수 있습니다.

"목사님~~ 감사합니다. 결혼한 지 26년 만에 처음으로 남편이 해 준 밥 먹었어요~~ㅎㅎㅎ"
"아빠는 요리사~~ 56년 만에 요리다운 요리!"
"목사님 덕분에 좋은 추억이 생긴 것 같아요. 만들어 보니 뿌듯했어요. 가족과 함께 좋은 시간이 되었습니다. 댓글들 읽는 재미도 쏠쏠하네요…."

# 조금은 털털하게

갓난아기와 즉각 소통할 수 있는 방법은 제2의 두뇌라고 불리는 '피부'를 통한 소통 즉, 접촉이라고 합니다.

스킨십의 위력은 1940년대 한 고아원에서 벌어진 사건을 통해 우연히 발견되었습니다. 이 고아원은 아가들에게 가장 필요한 건 최고의 환경을 만들어 주는 것이라고 생각해, 깨끗한 시설과 영양이 풍부한 음식을 제공했습니다. 비록 고아원이지만 풍족한 환경에서 아이들은 자랄 수 있었습니다.

그런데 이상한 현상이 관찰되었습니다. 영양 풍부한 음식에도 아기들은 점점 야위어가고 철저한 위생관리에도 아기들은 시름시름 앓기 시작했습니다. 결국 91명의 유아 중 34명이 2살이 되기 전 사망하고 말았죠.

이 사건을 목격한 오스트리아 출신 정신과 의사 '르네 스피츠'는 아이들이 죽은 이유를 발견할 수 없어 커다란 의문에 휩싸이게 됩니다.

르네 스피츠는 단 한 명도 사망하지 않은 한 보육원에서 해답을 찾게 됩니다. 그곳은 최상의 시설을 자랑했던 고아원과 비교할 수 없을 정도로 열악한 환경 속에서도 운영되던 교도소에 있는 보육원이었습니다. 시설은 좋지 않았지만, 아이들이 빈번하게 경험하는 것이 하나 있습니다. 교도소에 수감된 아빠, 엄마, 그리고 다른 재소자들과 나누는 따뜻한 접촉이었습니다. 좋은 환경만을 신경 썼던 고아원에선 전염병 걱정, 또 아이들이 버릇이 나빠질 것을 우려해 안아 주거나 어르는 등 아이들과의 신체 접촉을 최소화하는 규칙이 지켜졌고요.

연구자 르네 스피츠는 큰 비용을 들여 좋은 환경을 만들어 주는 것보다, 살과 살이 맞닿는 포옹과 접촉이 아이들의 성장에 더 큰 가치가 있다는 것을 발견합니다.

유치원, 초등학교 아이들이 다 큰 어른들과 접촉할 수 있는 환경이 지금 대한민국 어디에 있을까요? 자기 또래들 빼고, 할머님 할아버지들의 등 두드림을 받을 수 있는 곳, 큰아빠 큰엄마 같은 분들이 머리를 쓰다듬고, 접촉할 수 있는 곳, 그런 장소가 어디 있을까요?

교회밖에 답이 없습니다. 교회의 장로님들 권사님들이 예뻐해 주는 게 별것 아닌 것 같아도, 그 아이들 정서엔 굉장히 도움이 될 겁니다.

방학이 되면 아이들이 교회에 와서 공부하는 '독서마라톤'이 시작됩니다. 그 아이들이 점심시간이면 교회가 운영하는 '행복한 식당'에 조별로 가서 할아버지, 할머니들에게 숟가락 젓가락을 놓아 드리고 식탁을 정리하는 봉사를 하게 될 겁니다.

할아버지 할머니들은 손자 손녀 같은 친구들이 도와줘서 고마워하실 거구요, 우리 친구들은 어르신들을 돕는 기쁨을 체험하게 될 겁니다.

깔끔 떨고 누군가에게 신세도 안 지고, 누군가의 짐을 지는 것도 버거워하는 시대에 교회가 가야 할 길, 그리고 우리가 가야 할 길은 이런 길 아닌가 싶습니다. 혼자 외로워하는 이 시대에서 함께 어울려 사는 삶을 배우는 작은 계기도 되구요, 조금은 허술하고, 털털해도 이런 모습이면 좋지 않겠습니까?

## 2:2 미팅 괜찮아요?

우리 교회가 70세 이상 어르신에게 1,000원을 받는 '행복한 식당'을 시작한 지 한 달이 안 됐는데, 하루 평균 130~150여 명이 식사하는 공간이 되었습니다.

제가 매니저로 섬기는 진명자 전도사님에게 "하루 120명만 받으세요. 우리가 전문적으로 식당을 운영하던 분들이 아니고, 지속가능 하려면 조금 여유로운 발걸음으로 가야 합니다" 하고 부탁드렸습니다.
"그럼요~ 목사님 천천히 여유롭게 가도록 하겠습니다"라고 했지만, 몰려오는 어르신들을 밥이 다 떨어졌다고 그냥 돌려보내는 게 쉽지 않은 모양입니다.

 매주 화, 수, 목, 금 오전 11시 30분부터 오후 2시까지 식당을 운영하는데요. 11시가 되기 전에 미리 와서 기다리는 어르신들이 꽤 됩니다. 덕분에 식당 앞 대기석은 언제나 만석입니다.
 "아휴~ 왜 이리 시간이 안 가는지 모르겠어~~"
 손사래를 치며 말씀하시는 할머님은 새벽 5시에 일어나 아침을 먹고, 식당에 오려고 공원도 산책하고, 방 청소도 하고, 텔레비전도 보고 했는데도 11시가 얼마나 더디 오는지 모르겠더라고, 그래서 그냥 일찍 나왔다고….

 "글쎄~~ 여기가 그렇게 오고 싶더라니까" 하고 말씀하셨습니다. 밖에서 대기하며 기다리는 할머님들과 나누는 대화는 꽤 재미집니다.
 "몇 분이 오셨어요?"
 "두 명이요."
 "그래요? 저기 멋진 할아버지 두 분 보이죠?"
 "응, 보여요~"

"저 앞에 빈자리 두 개 있는데, 이모! 2:2 미팅 괜찮으세요?"

"에이~! 내가 못생겨서~"

"뭔 소리? 예쁘고 곱기만 하구만!!"

싫다는 소리는 안 하시고, 그냥 편하게 농담을 농담으로 받아 주시는 할머님도 깔깔거리고 그 할머님들 앞에서 장난하는 목사도 낄낄대는 공간입니다.

할머님 세 분이 앉아 식사하는 자리에 할아버님 한 분이 앉아 식사하고 계셨습니다.

"삼촌? 옆에 앉아 계신 이모 이쁘시죠?"

"응, 이뻐요~"

"삼촌 오늘 복 받으신 거예요. 예쁜 여자 세 분과 함께 식사하셔~~"

"그럼 그렇고 말구요…."

곁에서 그 이야기를 듣는 할머님들도 할아버지도 덩달아 식사와 함께하는 미소가 싱그럽습니다. 정신없이 바쁜 시간에 한 자리 나자마자 어색함으로 단단히 무장한(?) 할머님 한 분이 들어오고 계셨습니다. 처음 오신 분이라고 온몸으로 자신의 신분을 밝히시는 것 같습니다. 처음 발걸음을 식당에 내딛는 할머님에게 다가갔습니다.

"이모는 오늘 여기 처음이시죠? 근데 여기 자리가 참~! 맛있는 자리인 건 어찌 아셨대? 여기 참 좋은 자리예요. 앉으세요."

할머님의 굳는 표정이 조금은 풀어지는 눈치입니다.

요즘 삶이 재미없고 우울하세요? '행복한 식당'으로 발걸음을 한번 옮겨 보세요. 행복을 나누는 기쁨 가득한 모습을 실제로 보실 수 있을 겁니다.

# 추억 만들기

우리 교회는 곧 있으면 초등학교에 입학하는 7살짜리 아이들이 유치부에서 아동부로 올라가면서 떠나는 '새내기 여행'이라는 프로그램이 있습니다. 코로나로 진행하지 못했었는데요. 이번 아동부로 올라가는 친구들이 이인창 전도사 및 교사들과 함께 MT를 다녀왔습니다.

아동부 교사인 김용기 쌤이 쓴 우리 교회 네이버 카페 글에는 "드디어 기다리고 기다리던 2년 만에 돌아온 아동부 새내기여행!! 오늘, 그날이 왔습니다. 올해 새로 1학년으로 올라온 친구들과 추억을 쌓고 아동부에 잘 적응할 수 있도록 매년 에버랜드로 새내기 여행을 떠납니다" 라고 기록되어 있더라구요.

저와 우리 장로님들이 생각하는 교회 사명 중 하나가 "아이들이 교회에서 마음껏 뛰놀 수 있는 환경을 만들어 주자"인데요. 사실 지금 50대 이상, 신앙생활을 어려서부터 했던 분들은 교회와 함께 한 추억들이 꽤 많을 겁니다. 크리스마스 이브 때 형, 누나, 성도들과 눈길을 밟으며 '새벽송'을 돌던 추억, 학창시절 '문학의 밤', 교회에서 함께한 '수련회', '여름성경학교'의 짜릿한 순간들 같은 것 말이죠. 그런데 지금은 그런 추억들이 없어진 시대가 되어버렸습니다.

'공부', '대학'이라는 거대한 명제 앞에 교회와 함께 하는 시간 대신 학원과 독서실과 함께 하는 시간이 아이들에게 더 많아지기도 했구요. 혼자 컴퓨터 앞에 앉아 게임 하는 시간이 많아지기도 했습니다.

신앙생활은 하나님 앞에서 '홀로'도 해야 하지만 '함께'도 할 수 있어야 합니다. 함께 해야만 얻을 수 있는 '공동체의 기쁨'이란 게 존재하거든요.

그런데 이 시대의 교회 생활은 공동체의 기쁨이란 게 점점 사라져 가고, 모임이 어려워지고 있습니다. 함께 해야 하는 어떤 행사들이 사람이 모이질 않아 대부분 정체 내지는 지루한 반복의 연속이 된 건 아닐까요?

"교회 안에서의 아름다운 추억을 성도들에게 만들어 주는 교회가 되자!!"

막상 그런 생각을 해보니 교회 안에서 할 수 있는 여러 가지 아이디어가 부서별로, 교회 전체적으로 떠오르기 시작했구요. 그런 일들을 하나하나 실천하는 것 중 하나가 초등학교 올라가는 유치부 꼬마들 MT였습니다.

주일 오후에 에버랜드 통나무 집에서 교역자와 교사들과 함께 1박을 하는 프로그램인데요. 이제는 유치부에서 아동부로 올라갈 때 가장 기대하고, 기다리는 추억 만들기 행사가 되었습니다.

아이들을 홀로 떠나보내며 걱정했던 부모님들의 생각과는 달리 대부분 아이들은 부모님 생각 하나도 안 하고, 울지도 않고, 정말 정말 자기들끼리 너무도 재밌고 행복하게 그 시간들을 알차게 보내고 오는 걸 매번 경험하고 있구요.

혹 아시나요? 이런 공동체의 경험은 이 지구상에서 '교회밖에 할 수 없다'는 사실을요. 그래서 교회가 희망입니다. 교회가 없는 세상은 지루함, 절망감, 고독함 이런 단어들로 가득할 것이기도 하구요. 진짜 그렇게 생각하냐구요? 물론이죠. 네이버에서 부천성만교회 카페 검색해 들어오셔서 새내기 여행을 함 보세요. 확인될 겁니다.

# 이번 생은 갓생이라!

우리 교회 중고등부가 경기도 가평 제자교회 비전센터에서 '이번 생은 갓생(GOD生)이라!'를 주제로 2박 3일 동계수련회를 진행했습니다. 코로나 때문에 3년을 기다렸던 수련회여서 보내는 부모님도, 떠나는 아이들도 설레고 기대가 컸습니다. 학생 107명, 교사와 직접 섬기러 따라가는 성도까지 150명이 넘는 인원이 이동해야 했구요. 우리 성도들은 2박 3일 동안 우리 아이들이 꼭 주님을 만나게 해달라고 중보기도로 힘을 보탰습니다.

"안녕하세요 7조 조장 공은진입니다! 은혜롭고 즐거웠던 중고등부 수련회를 마치고 이 행복한 마음을 나누고자 글을 쓰게 되었습니다.

처음 중고등부 수련회 일정을 들었을 땐 마냥 좋기보다, 귀찮고 힘든 일이 늘어 났다고 생각했습니다. 학원을 빠지는 것뿐만 아니라 조장이 되어 조를 이끌 생각에 부담도 커져, 가고 싶지 않다는 생각이 강해지기도 했습니다.

그러나 중고등부 수련회를 시작하기 전에 수행해야 했던 미션들을, 바쁜 저를 대신해 이끌어준 부조장 예원이와 잘 따라와 준 조원들을 보면서 이번 수련회가 생각했던 것보다 재밌고 즐거운 경험이 될 수도 있겠다는 생각이 들기 시작했습니다. 역시나 직접 만나본 조원들은 처음엔 어색했지만 서로 배려하며 점차 친해져 즐겁게 같이할 수 있었습니다! 이런 분위기가 만들어질 수 있었던 것은 김유정, 유한선 선생님이 역할을 해주었고, 부조장 예원이, 믿어준 조원들이 있었기 때문에 가능했습니다. 이런 조를 만난 것이 너무나 행복하고 이번 수련회 중 가장 좋은 일이었던 것 같습니다.

하나님을 늘 믿지만, 평소 제가 행했던 모습들은 하나님과 거리가 있는 삶이었고, 그것이 죄악인 줄 크게 인식하지 않았습니다. 그러나 이번 수련회 집회에서 기도드리면서 제가 행했던 모든 일들이 그릇 되었음을 알게 되었고, 하나님을 믿는다고 말했던 저의 모습이 허상에 가까웠음을 깨달았습니다. 기도하면 할수록 하나님을 진정으로 알려고 하지 않고 단순히 말만을 읊조리며 지냈던 과거의 모습들이 하나하나 떠오르면서 부끄러워지고 하나님 앞에서 저는 그저 죄인이라는 생각이 들었습니다.

둘째 날, 집회에서 다시 한번 저의 모습을 회개하고 기도드리면서 하나님을 진정으로 만나기 위해 간구했고, 저는 제가 알지 못하는 이상한 언어들이 제 입으로 나오는 것을 경험했습니다. 그때 저의 마음은 너무나 은혜롭고 행복함으로 가득 차 있었습니다. 사실 집회가 끝난 후에도 이것이 방언이라고 생각하지는 못했습니다. 나중에 집에 돌아가 중고등부 수련회에 대해 엄마와 이야기하다가 '아, 이게 방언이었구나' 라는 생각이 들었습니다. 사실 방언을 하는 것이 가장 큰 목적이라기보다는 하나님을 진정으로 만났다는 증거가 되는 것 중 하나가 방언이기에 그 사실을 깨닫고 행복했습니다."

이번 수련회에서 받은 은혜와 감격을 고3 공은진 학생이 교회 카페에 게시한 글에서 고스란히 느낄 수 있었습니다. 허락을 받아 공유합니다.

# 아! 천만 원

1993년에 전세자금 2,500만 원으로 교회 개척을 준비했습니다. 사위가 막상 개척을 한다니까, 장인어른이 걱정이 되셨는지 500만 원을 헌금해 주셨습니다. 공교롭게도 개척하기로 계약한 장소는 39평인데, 4,000만 원 보증금에, 월 70만 원을 달라고 했습니다. 주인에게 39평의 절반만 계약하자고 했더니 39평 전체를 다 하든지, 아니면 못 한다고 해서 호기롭게 300만 원을 주고 계약을 해 버렸습니다.

3,000만 원은 어찌어찌 준비가 된 거고, 이제 천만 원만 있으면 개척을 시작할 수 있는데 문제는 그 천만 원이었습

니다. 지금도 천만 원이란 돈은 적은 돈이 아닙니다. 가난한 개척교회 목회자에게 천만 원은 내가 믿는 예수님처럼 크게 느껴졌습니다. 소도 비빌 언덕이 있어야 한다는 말이 있는데, 가난한 개척교회 목회자에겐 이 땅 그 어느 곳에도 비빌 언덕이라곤 보이지 않았습니다.

그날부터 밤 9시면 홀로 산에 올라가 기도했습니다.
"하나님! 개척자금 천만 원이 모자랍니다. 도와주십시오."
밤 열두 시 가까이 기도하고 내려와선 아내에게 "어디 전화 온 데 없었어요?" 하고 묻는 게 일상이 되었습니다. 매일 산에 올라가 천만 원만 달라고 기도하고 내려와서 물었습니다. 받을 돈은 천천히 오고 줄 돈은 빨리 온다더니, 이제 내일모레면 4,000만 원을 지불해야 할 날이 닥친 겁니다.

여느 날처럼 다시 산에 올라갔습니다.
"하나님 천만 원이 부족합니다. 천만 원만 주세요. 제가 잘하겠습니다. 천만 원만 주세요."
어찌나 눈물이 나던지요.
"제가 정말 잘하겠습니다. 천만 원만 주세요. 천만 원만 주세요…."

그 순간이었습니다. 갑자기 제 머릿속을 스쳐 지나가는 생각이, "야! 너, 그 천만 원만 월세로 해? 월세!" 저는 월세가 있는지도 모르는 사람 아닙니까. 그런데 '그 천만 원 월세로 해?' 하는 생각에 '월세도 있나?' 하는 마음이 들었습니다. 산에서 내려와 다음 날, 상가 주인에게 전화를 드렸습니다.

"제가 지금 막 목사 공부가 끝나고 목사안수를 받은 사람인데 3,000만 원은 준비가 되었습니다. 그런데 천만 원만 월세로 해 주십시오" 했더니 "그러세요!" 두말할 것도 없이 상대편에서 허락해 버렸습니다.

그동안 내가 왜 울고 다녔는지요? 그 작은 경험이 제 처녀 목회에서 '기도'의 중요성을 다시 한번 깨닫게 하는 계기가 되었습니다. 개척 목회에서 가장 중요한 게 "깡통을 찌그러뜨려 버려라"라는 것을 후에 알게 되었습니다. 우리가 믿는 주님 말고도 의지할 게 많으면 개척목회자는 주님을 바라보기보다는 그 의지할 것들에 눈과 마음을 돌리기가 쉽다는 말이죠. 어쩌면 목회는, 신앙생활은 주님 한 분 바라기로 평생을 걷는 길이기도 한 것 같습니다.

## 사람에게 투자하라

"목사님 잘 도착하셨지요? 이번에 큰 은혜와 감동의 시간이었습니다. 그리고 목사님 때문에 귀한 체육관도 건립하게 되고요, 형님처럼 자상하게 챙겨주시고, '자니보이가'와 '엘레인'에게 베풀어 주셔서 어찌나 감사한지요~"

필리핀에서 29년째 사역하고 있는 이종우 선교사님의 카톡 내용입니다.

이번에 필리핀 동쪽에서 사역하는 선교사님들 140여 명이 모인 대회가 있어 잠깐 다녀왔습니다. 그 모임의 회장이 이종우 선교사님이기도 합니다.

이 아이들은 마닐라에서 한 시간쯤 떨어진 보홀이라는 섬에서, 또 배를 타고 한 시간쯤 더 들어가는 400여 명 주민이 모여 사는 섬에 살고 있었습니다. 알코올 중독자인 할아버지와 함께 다섯 명의 아이들이 살고 있었고요. 모슬렘이었던 아버지는 돈 벌러 나가 버리고 어머니도 섬에서 나가 결혼해서, 아이들은 바닷가에서 물고기도 잡고, 조개도 캐며 근근이 살고 있었습니다.

이종우 선교사님이 그쪽에서 온 신학생 때문에 전도하러 섬에 들어갔다가 저녁에 해변을 산책하는데 다섯 명의 아이들이 바닷가 모래바닥에서 쪼그리고 자는 것을 발견했고, 안타까운 마음을 주님이 주셨습니다.

처음에는 11살 남자아이 '자니보이가'와 그 바로 밑의 동생 '엘레인'을 어렵게 마닐라로 데려왔습니다. 그 섬에서는 '비사야어'라는 말을 사용했습니다. 마닐라에서 사용하는 따갈로그어와는 전혀 다른 언어이기에 공부하는 데 어려움을 겪고 울기도 했습니다. 하지만 1년쯤 지나니 이 아이들이 보통 아이들과 다른 신앙, 공부, 명석함을 보이기 시작했다네요. 동생들이 보고 싶다는 아이들의 부탁과 주님이 주시는 마음의 부담 때문에 이듬해 동생 세 명도 다 데리고 나와 지금은 10년이 지났습니다.

큰아이는 21살의 어엿한 대학생이 되었고 여동생도 대학생이 되어 있었습니다.

예전 우리 교회가 필리핀 단기선교 나갔을 때 이 아이들이 꼬마였고, 우리가 대학 졸업할 때까지 지원한다고 해서 지금까지 지원하고 있었거든요. 그리고 여러 가지 바쁜 사정으로 돈만 보내고 잊고 살기도 했고요.

얼마나 공부를 잘하는지, 필리핀 좋은 대학에서도 아주 좋은 조건으로 '자니보이'를 데려갔고, 이 아이는 변호사가 되고 싶다고 하더군요.

"얼마나 시간이 걸리니?"
"한 6년쯤 시간이 더 걸립니다."
"그럼 그때까지 지원할 테니 돈 걱정은 하지 말고 공부해라~"

너무 고마워하는 아이들, 너무 애쓴 이종우 선교사님 부부, 같이 간 목사님들은 "아주 아버지네 아버지~" 하시더군요.

사실 아버지 노릇은 이종우 선교사님 내외가 했고, 우리는 경제적인 지원만 했을 뿐이고, 사실 그 지원도 미안할 만큼 지원했음에도 불구하고, 아이들은 너무나 멋지게 커 줬습니다.

"사람에게 투자하라", "사람을 남기는 게 목회다"라는 선배 목사님들의 말씀이 가슴에 확 와 닿는 여정이기도 했습니다.

## 코로나와 꼼지락 목회

"꼼지락거리면 부흥합니다~~!"

하남에서 목회하는 장학봉 목사님이 자주 하시는 말입니다. 지금 이 코로나 시기에 뭘 할 수 있냐고요? 얼마든지 뭐든지 할 수 있습니다.

제 친구 목사님은 그렇게 크지 않은 교회고, 성도 숫자도 얼마 안 되는데요. 주일 오후면 떡하고 과일을 사서 성도들 문 앞에 걸어 두기도, 만나서 차 한잔하며 심방 하기도 하는데 그것도 재미지다고 합니다.

서울 중랑구에 있는 영안교회 양병희 목사님은 비대면

상황 속에서도 성전을 바라보며 '드라이브 인 예배'를 드렸다고 합니다. 우리 교회도 성도들에게 집에서 예배드리지 말고, 활동 가능한 성도들은 차 갖고 교회 주차장, 교회 근처에 주차하고 차 안에서 에어컨 빵빵하게 틀어 놓고 예배드리라 했거든요.

영안교회는 지난 주 800여 대가, 우리 교회는 100여 대 조금 넘게 참여해서 예배드렸습니다. 영안교회에선 주보와 물을 나눠 주며 참석한 성도들을 격려했다고 하더라고요.

저도 양병희 목사님께 한 수 배워서 이번 주, 성도들이 차 갖고 예배에 올 때 인원수대로 생수와 주보를 나눠 주고, 예배 후 갈 때는 치킨과 과일을 준비했다가 나눠 주기로 했습니다.

지난주 예배 후 주차장에서 박현우, 권안나 부부와 여운경, 박해림 부부를 만났거든요. "자네들이 다음 주 치킨 준비하시게. 자네들 돈으로, 알았제?" 그리고 정우, 전보미 부부가 나타났습니다. "어이~ 고마우이~ 다음주 자네들 돈으로 과일을 준비허고~" 하였습니다. 생수는 장로님들이 준비해 주신다고 하였으니 성도들에게 '잔재미'를 줄 준비가 끝났습니다.

'이번 한주 생수는 어디서 준비해야지?', '생수를 몇 군데서 나눠 줄까?', '치킨은 언제부터 준비해서 튀기나?', '과일은 어떤 종류를 어떻게 맛나게 먹을 수 있도록 준비하지?', '치킨 박스에 과일을 같이 어떻게 넣을까?', '같이 준비할 성도들은 누구랑 할까?' 들리는 말들이 생각이 많은 듯합니다.

기독교 130년이 지나는 동안 우리 믿음의 조상들은 평안한 환경에서만 신앙생활을 하셨나요? 지금 대부분의 한국 교회가 어려운 시간을 보내고, 예배에 참석하는 성도 수도 줄고, 당연히 헌금도 줄고, 새신자도 거의 오지 못하는 상황이지만, 이럴 때일수록 '인간적인 목회 안 하기', '환경 가운데 좌절하지 않기', '꼼수 쓰지 않기', '지금 우리 교회 현 상황에서 주만 바라보기' 그리고 '용기와 지혜 은혜를 구하며 지금 나의 목회를 어떻게 해야 합니까?'라고 주님께 은혜를 구하며 솔직하게 묻기'

진짜 이렇게 한다면 우리 눈에 보이진 않지만 살아 계신 우리 주님께서 기뻐하지 않으실까요?

우리 모두 힘들 때, "주님밖에 없습니다". "주님의 은혜를 구합니다", "제가 어떻게 주님과 성도들을 기쁘게 할 수 있는 목회를 할까요?" 묻고 나아가길 소망합니다.

## 권사 선거 떨어지신 분?

"목사니임~~ 제발 성도들 좀 그만 놀리시고요, 그만 괴롭히세요~ 성도들이 얼마나 착하세요. 그런데도 에고~ 때만 되면, 기회다 싶으면 그렇게 놀리세요? 제발, 그만 좀 놀리세요."

며칠 전 우리 성도들을 놀린 저를 타박하면서, 제 아내와 진명자 전도사님, 정순애 전도사님이 끙끙거리며 했던 말입니다.

금요일 기도모임 시간이었습니다. 권사 임직 후보가 될 여집사님들의 특송 순서가 있었습니다. 96명 후보 가운데

60명이 참여했고요. 특송이 끝난 후 자리에 가서 앉는 여집사님들을 가만히 보니까, 지난번 권사 투표할 때 떨어지신 분 여럿이 제 눈에 보이는 것입니다.

"권사 선거에서 떨어지신 분, 손들어 보세요!"

여기저기서 슬며시 손을 들었습니다.

"아! 그렇게 들지 말고 손~ 번쩍 들어 보세요~!"

권사 투표할 때 자기가 꼭 될 줄 알고 미장원에 가서 "예쁘게 머리해 주세요. 며칠 후면 아주 중요한 일이 있거든요"했는데, 그만 떨어지신 분도 있습니다. 이름 없이 빛도 없이 오랫동안 교회를 섬기던 분이 권사가 되지 못하기도 했습니다. 이런저런 얼굴들이 제 눈에 보이는데, 미안하기도 하고, 그래도 시험 들지 않고 한결같이 자기 자리를 지키며 교회를 섬기는 모습들이 고맙기도 했습니다.

이날 금요기도모임 설교는 111년 된 영주 성내교회(예장통합)를 담임하고 계시는 최갑도 목사님이 하셨습니다. 그 모습을 보고 굉장히 놀라신 모양입니다.

최 목사님은 강단에서 설교하시기 전에 한 말씀 하셨습니다. "내일모레 은퇴를 앞두고 있는 저는 45년간 목회를 해 왔는데요, 권사 선거에서 떨어지신 분 손들어 보라 하는 목사나 그렇다고 깔깔거리며 시험에 들지도 않고 멋쩍게 손을 드는 집사님들이 있는 교회는 처음 봤습니다. 참 좋은 공동체입니다."

지금 한국 교회에서 "권사 떨어지신 분 손들어 보세요." 하고 말할 수 있는 목사가 있는 교회, 그렇다고 그게 크게 시험거리도 아닌 듯 깔깔거리며 손을 들 수 있는 여집사님들이 있는 교회가 얼마나 될까 생각해 봤습니다.

목회자와 성도가 긴장 관계에 있는 교회들은 절대 할 수 있는 일이 아닐 겁니다. 이게 말꼬리 잡고 시험거리를 만들려면 얼마든지 만들 수 있는 '거리'이기 때문입니다. 목사와 성도들이 그런 걸 아무렇지도 않게 할 수 있는 공동체가 지금 우리 교회라는 사실에 감사한 마음이 들었습니다.

아~ 참! 제가 전에 우리 성도들에게 몇 번 이야기했던 내용이 있습니다. 가만 기도하면 성도들 놀려 줄 생각이 저는 그렇게 많이 날 수가 없다고요. 그래도 이 정도로 참고 인내하며 목회하는 착한 목사가 저라고요.

'긍께 무신 말이냐!'

이렇게 착한 목사와 함께 신앙생활 하려면 "권사 떨어지신 분 손들어 보세요~" 해도 그걸 암시랑토 않게 넘겨 버릴 수 있는 넓대대한 맴이 있는 게 우리 성만교회다 이 말이시~ 뭔 말인지 아시겠쥬? 속으로 함 따라해 보세요~

"차카게 살자~ 차카게 살자~~"

착해진 것 같죠? 그럼 계속 이 상태로 우리 교회는 직진 ~~ 쭈욱~!

## 우리 교회는 어떤 이웃일까?

몇 해 전 크리스마스 예배 시간이었습니다. 거의 100여 명 되는 성가대가 멋진 연주팀과 더불어 크리스마스 칸타타 찬양을 하는 시간이었고, 예배가 시작된 지 얼마 되지 않아, 제 안에서 누군가 묻고 있었습니다. 분명 예전 기도할 때 몇 번 들었던 그 주님의 음성은 아니었지만 제 안에서 누군가가 분명 묻고 있었습니다.

"예수님은 낮은 자를 위해 이 땅에 오셨는데 너희는 낮은 자와 함께하는 축제냐? 너희들끼리 좋은 거냐?"

이 말씀이 들리며 제 마음이 얼마나 쓸쓸해졌는지요. 제가 그때 잠시 기도했습니다.

"주님! 죄송합니다. 다음부턴 이런 우리들만의 축제는 하지 않겠습니다."

그리고 그다음 해 우리 교회는 성탄주일 3부 예배가 끝난 후 성도 800여 명과 교회 근처 원종동 시장을 방문해 '크리스마스 플래시몹'을 했습니다. 행사 당일 성도들은 시장 끝까지 일렬로 서서 찬양을 하고, 물건을 사기도 하며 그분들의 손을 잡아 줬습니다. 지금 유튜브에 올라가 있는 '원종동 시장 크리스마스 플래시몹'이 바로 그때 찬양했던 때이기도 하구요. 언제든 선한 일을 하면 낙심할 일도 같이 생기는 법 아니겠습니까? 그렇게 했다고 우리 교회가 칭찬만 들었던 것은 아닙니다.

사실 칭찬 들으려고 한 것도 아니지만 그 시장 상인 중 몇몇 분은 성만교회가 찾아와서 노래만 불러주고, 다른 가게 물건은 팔아 주면서 우리 물건은 팔아 주지 않았다는 말을 하더랍니다.

올해는 부천시기독교연합회에서 지역 내 19개 재래시장에서 동시에 크리스마스 플래시몹을 할 수 있도록 도와달라는 부탁이 있기도 했습니다. 울산, 하남, 부산 등등 전국에서 교회들이 재래시장에서 상인들과 함께하는 크리스마스를 보내기도 한다는 소식이 들려왔습니다.

예전엔 크리스마스가 되면 새벽송을 부르며 이 집 저 집을 돌기도 했는데 이젠 그마저 추억이 되고 말았습니다. 하지만 우리는 가게마다 들어가 그 추억을 가지고 캐롤을 부르고, 물건을 사드리고, 우리가 미리 준비한 선물을 가게 사장님뿐만 아니라 일하는 직원들에게도 드렸습니다.

우리 교회는 조별로 나누어서 상가마다 선물할 대상이 몇 명인지, 연령층이 어느 정도인지 꼼꼼히 준비했고 우리 교역자들도 미처 준비하지 못한 조를 지원하기 위해 이리저리 궁리했습니다.

크리스마스 즈음에 재래시장에서 캐롤을 불러주고, 그분들의 손을 잡아 주는 교회들이 점점 늘어가는 소식이 들려옴에 감사가 나오기도 합니다.

"우리만 잘 살믄 무슨 재민겨~"라는 말을 하신 분이 계시는데요, 저는 "크리스마스에 우리 그리스도인만 재밌으면 무슨 재민겨~!"라는 말을 하고 싶습니다. 재래시장에서 그

분들과 함께하는 크리스마스 축제도 나름 재미지거든요.

 혹 이 글을 읽은 그리스도인이시라면 우리 동네 재래시장에서 한번 해 보시는 건 어떠실지요? 하시면요? "고거 괜찮네, 은혜 되는데~" 하는 마음 꼭 드실 겁니다.

## 거침없는 즐거움

　　　　　　코로나 장기화가 우리 모두의 마음을 힘들게 만드는 요즘이고, 이런 사회적 분위기는 요즘 뭐 크게 웃을 일 있나 싶을 정도로 침울합니다. 그럼에도 불구하고 교회에는 봄의 새싹이 "아직 나 살아 있어요~" 하며 땅을 뚫고 튀어나오는 것처럼, 작은 움직임들이 있습니다.

　교회 화단 테두리가 나무로 되어 있는데 그게 몇 년 됐더니 썩기 시작한 겁니다. 이걸 보고 조경부 박경수 부장님과 부원들이 평균 5㎏이 넘는 돌들을 트럭 두 대에 사 와서 테두리 나무를 돌로 싹 변신시켜 버리더니, 이참에 묘목들도

농원에서 사다가 교회를 꽃나무로 덮어 버렸습니다,

미세먼지도 있고 아직 날씨가 다 풀린 것도 아닌데 어떤 성도는 돌을 잘 다루는 남편을 데리고 오기도, 어린 자녀들도 데리고 와 교회에서 놀게 합니다. 10여 명 넘게 모여 일하는 모습들 얼굴엔 '거침없는 즐거움'들이 가득해 보였습니다.

5월 창립기념주일에 나무 도마(트레이)를 기념품으로 준비하고 있는 '브라더스'(각자 자기 직업이 있으면서 교회에 힘든 일이 있으면 감당해 주는 팀) 형제들은 평일 저녁 퇴근 후에는 교회에서 일하는 시간입니다.

현대백화점에 갔더니 나무 도마가 삼십만 원이라 해서 깜짝 놀랐었는데요. 제 친구 목사님이 우리 교회가 트레이를 만든다는 걸 알고, 인천 청라에 있는 나무 공방이 있어 들어가 봤더니 나무 도마가 이십칠만 원이라고 적혀 있었다고 연락이 왔습니다.

그 말을 들은 브라더스팀은 "목사님~~! 그건 인건비 포함이고요, 우리가 직접 통나무를 사서 만들면 감당할 수 있는 가격이니까 걱정하지 마세요" 하고 퇴근 후 나무 먼지를 뒤

집어쓰며 열일 중입니다, 짜장면 한 그릇이 저녁이지만, 기쁘게 일하고 있는 그 얼굴 얼굴에는 '거침없는 즐거움'들이 묻어나고 있구요.

한 달에 한 번 독거노인 40여 분의 반찬을 만들어 주는 지역사회 봉사팀이 있습니다. 그 계절에 나오는 식재료들을 사용해서 어르신들을 섬기는데요, 그 비용도 헌신하는 분들 대부분이 감당하고 있습니다.

바로 어제가 그 음식을 만드는 날이었고요. 식당에 들어가 봤더니 음식 만드는 것도 다 분업이 되어 있더라구요. 나이가 어린 사람들은 파, 마늘 다듬는 정도구요. 그래도 주부 연륜이 어느 정도 돼야 음식을 조리할 수 있는 듯했습니다. 누군가에게 받는 기쁨도 있지만, 사실 주는 기쁨은 배가 되기도 하지 않습니까? 모두의 얼굴엔 기쁨이 가득, 그리고 참으로 오랜만에 주방이 들썩들썩했습니다. 여러 가지 음식을 준비하고, 다듬고, 만드는 그 얼굴 얼굴들은 '거침없는 즐거움'들이 가득했었습니다.

어디 숨어 이상한 짓을 할 땐 그런 표정이 나올 수 없습니다. 어쩌면 그런 '거침없는 즐거움'의 표정이 바로 예수님

믿는 표정 아닐까 생각도 들더라니까요.

　우리가 믿는 하나님은 모든 사람에게 24시간을 공평하게 허락해 주셨습니다. 그 시간을 사용하는 건 각자의 마음이기도 하구요. 주님이 허락하신 각자의 방법으로 생업에 매달려 살아가는 우리들이 주님이 원하시는 섬김의 그 자리에 있을 때 '거침없는 즐거움'의 모습을 가질 수 있는 건 아닐까 하는 마음이 드는 새벽입니다.

## 목사님~! 여기 좀 봐 주세요?

지난 주일 '우리들의 행복한 이야기' 출정식이 있었습니다. 요즘 젊은 친구들은 줄여서 '우행기'라 부르던데요. 몇 년 전 주일 예배 후 1층 화장실에서 아동부 친구와 나란히 소변을 보게 되었습니다. 그런데 소변보다 얼굴을 마주친 어색한 순간, 녀석의 입에선 불쑥 "아저씨 누구세요?"라는 말이 튀어나왔습니다. 아동부 친구는 담임목사인 저를 모르고 있었던 거구요.

그 말을 들은 뒤 "교회는 공동체인데 내가 공동체를 파괴했구나" 하는 마음이 들었고, 그래서 공동체를 생각하고 진행한 게 몇 년 되니까 점점 진화되기 시작하더니 '우리들의 행복한 이야기'라는 프로그램으로 자리 잡게 된 겁니다.

작년에는 730여 명이 함께 강원도 속초로 1박 2일 여행을 가기도 했습니다. 각 조마다 나름대로 행복하게 20주간을 지냈고, 올해 다시 아동부 꼬마부터 나이 드신 어른까지 20개 조로 나눠서 주일 3부 예배 후 '우리들의 행복한 이야기' 시작을 알리는 출정식을 열었습니다. 1,200여명이 본당을 가득 메워 앉을 자리가 부족해 계단에도 앉고 이동식 의자도 놓고 하면서 예배 후 출정을 알리는 선포식을 했는데요.

각 조를 외쳐보라니 "목사님 0조에요. 여기 좀 봐 주세요~"하며 본당이 난리가 났습니다. 1조부터 20조까지 깃발과 함성으로 본당이 가득했구요. 그 어떤 소리도 그 함성에 묻혀 제대로 들리지 않았습니다.

황태운 집사 모친인 조태임 집사님은 70세가 넘었는데도, 자기 아들이 조장인데 제가 그 조를 안 본다 생각하셨는지, 아들 깃발을 빼앗아 들곤 강단으로 힘든 걸음을 옮기며 앞으로 나오시더라구요.

예배 후 "왜 나오셨어요?" 물었더니, "그냥 마음에 목사님이 우리 아들이 조장으로 있는 조를 보지 않는 것 같아 너무 안타까워서 뭐라고 해야 할 것 같아 부끄럽지만 용기를 내 조 깃발 달라고 해 나오셨다"고 하셨습니다. 조장님이 하도 애쓰시는 게 안타까워 용기를 내 강단으로 나와 "제발 우리 조 좀 봐달라"고 하는 친구들도 있었구요.

교회 카페에 올라온 후기 포스팅 조회 수가 1,500회를 넘었습니다. 아래는 100개가 넘는 행복한 댓글 내용입니다.

"너무 소리를 질러 목소리가 안 나오네요. 그래도 행복하고 감사한 하루였습니다."
"성만의 패밀리만으로도 행복한 성도들입니다."
"점점 진화되는 모습에 깜짝 놀랐습니다."
"설렘 반 두근 반으로"
"감사와 감격의 우행기 출정식~ 성만패밀리 최고의 축제였습니다."
"오늘 이런 말이 떠올랐습니다. 샘솟는 행복~"
"20조가 각자 열띤 응원하는 소리에 소름도 끼치고~"
"내일은 교회 지붕 수리를 해야 할지도 모릅니다. 20개

조의 함성에~"

"늘 벅차고 감사한 시간들로 꽉 차는 행복한 이야기입니다."
"2023 우행기 발대식, 신나고 뜨거웠던 시간이었습니다."
"우리 교회가 있어 너무 행복하고 감사합니다."
"벌써부터 너무 설레는 시간입니다."
"교회가 이렇게 즐거워도 되는 겁니까? ㅎㅎ"

더 자세한 글은 네이버카페 '부천성만교회'에서 <열기가 뜨거운 2023 우리들의 행복한 이야기> 포스팅을 보시면, 출정식 현장 사진과 영상과 함께 만날 수 있습니다.

2

성만교회 목사여서
행복합니다

# 제가 다쳐 다행이에요

사랑부 어머니들은 부산으로 1박 2일 여행을 떠나고 사랑부 친구들은 롯데월드와 영종도, 인천 차이나타운에서 시간을 보낸 적이 있습니다. 사랑부 친구들은 대부분 자폐증을 앓고 있고, 주일마다 교사 20명과 예배하고 있습니다.

내년 교회 설립 30주년 기념으로 사랑부 어머니들 일본 여행을 계획하고 있는데요. 어머니와 아이들 서로에게 분리불안 장애가 있다고 하더라구요. 평생을 함께 지내온 관계인데 갑자기 헤어지면 아이들도 힘들고 어머니들도 힘들다구요. 그래서 이번엔 예행연습으로 부산 여행을 계획했습니다.

　어머니들은 부산 해운대 엘시티에서 1박을 하는 것으로 했구요. 아이들은 롯데월드 갔다가 대부분 집으로 돌아가서 자고, 다음 날 교회에서 만나는 것으로요.

　교회 카페에 올라온 어머니들의 부산 모습은 그냥 '소녀 소녀' 했습니다. 평생을 누군가와 함께 다녀야 하고 섬겨야 했는데, 이제는 섬김을 받고 홀로 자유로운 영혼들이 되어 버렸구요. 그 모습을 본 저와 우리 장로님들은 내년에 한 달에 한 번이라도 어머니들이 자유롭게 시간을 가질 수 있도록 지혜를 빌려 달라 기획부에 부탁했습니다.

　첫째 날 롯데월드로 놀이기구를 타러 간 친구들은(사실 20대 후반, 30대가 대부분입니다. 아이라고 하기엔 너무 커버린 청장년들이죠) 줄 서지 않고 프리패스로 놀이기구를 탈 수 있었는데요. 문제는 반드시 보호자가 동반해 놀이기구를 타야 하는 조건이었다네요.

　바이킹을 서너 번씩 탄 교사도 있고, 그 무서운 놀이기구에서 갑자기 떨어져 "살려 달라~" 외쳐야 하는 순간들도 있었지만, 아이들은 하늘을 날아갈 듯한 기분이었을 겁니다.

교사들은 멀미를 하고 구토를 하는 체험도 했다네요.

문제는 저녁에 몇몇 아이들과 교사들이 교회에서 지냈는데, 한 아이가 사랑부 부감으로 헌신하고 있는 윤성수 선생의 팔 두 군데를 물어 병원 응급실에 다녀온 것입니다. 저녁에 엄마가 없어 불안한 상태에서 통제가 안 돼 급작스럽게 벌어진 사건이었구요. 팔뚝은 많이 심했습니다.

응급실 다녀온 팔뚝을 보고 "어떡하니?" 하고 제가 묻자, 윤성수, 주나라 집사 부부가 "목사님~ 괜찮습니다. 잘 치료했구요. 그래도 다른 선생님들이 다친 것보다는 우리에게 이런 일 있는 게 천만다행이죠!" 했습니다.

사회 자체가 조금만 불편하고 자기가 불이익당했다 싶으면 악착같이 그걸 보상받으려고 애쓰는 게 일반적인데, 윤성수, 주나라 집사는 "자기 자신이 다쳐서 다행이라고… 그 부모님이 이 사실을 알게 될 텐데 너무 걱정하면 어떡하냐"고 바보처럼 염려하고 있었습니다.

목회는요, 이런저런 사람들이 모여 있구요. 그 리더들의 모습, 태도, 분위기가 어떤가에 따라 교회의 모습이 변하기도 하는데요. 우리 교회는 윤성수, 주나라 부부 같은 헌신된 지체들이 섬겨 줘서 감사하다는 마음 가득했습니다.

저녁에 이 사실을 아내에게 말했더니 "너무 고마운 부부예요. 예쁜 신앙으로 성장했네요" 하고 대견해하더라구요. 이런 말 들으며 목회하는 저는 성만교회 목사입니다.

# 이심전심! 담임목사와 두 권사

"아니, 그 권사님 시험에 들지 않았어요? 정말 괜찮은 거예요?"

제 친구 목사님들에게 며칠 전 우리 교회의 김구환 권사님, 정점례 권사님과 있었던 이야기를 했더니 놀라면서 제게 묻는 말입니다. "그런 경우가 있으면 무슨 일이 있어야 하고, 시험에 들어야 하는 거요?" 제가 다시 묻기도 했습니다.

사연은 이렇습니다. 며칠 전 수요일 경찰서 경목위원을 맡고 있는 목사님들과 경찰서 관계자들, 그리고 어머니 기도회에 참여하는 엄마들을 위해 점심식사를 교회에서 나누기로 약속했습니다.

제 딴에는 어린 꼬마들을 키우느라 헉헉대며, 그래도 '어머니기도회'라는 자리를 지키는 엄마라는 이름을 가진 성도들이 고맙기도 대견하기도 해서 좀 잘 먹이고 싶었습니다. 경목위원 목사님과 경찰서 관계자들을 식사 대접하는 자리였지만 엄마들도 초청한 것이지요. 늘 우리 교회 식사 준비를 담당하는 두 권사님께 산나물로 된 멋진 식사를 차려달라고 미리 말을 해 두었습니다.

제가 꼬마일 때 어머니는 "찬용아, 봄에 나오는 나물들은 다 보약이란다" 하셨던 생각도 나고, 지금 한참 봄나물들이 좋을 때라 이 시기에 어린 꼬마들을 키우는 엄마들을 잘 대접하고 싶었습니다.

그런데 점심시간에 막상 식당에 들어가 보니 간혹 산나물이 보이긴 했지만 모양새만 갖춘 정도였고 상추와 깻잎만 잔뜩 보이는 겁니다. 주연은 상추인 듯 보였습니다.

"아니! 원래 우리 산나물로만 하기로 하지 않았어요? 우리끼리 먹는 거야 김치쪼가리 하나를 먹어도 되지만, 다른 누군가를 대접한다면 나름 정성껏 해야 하는데, 우리 교회에서 이게 뭡니까?"

마음이 상해서 그냥 식당에서 돌아서 버렸습니다. 점심은 맛있었지만 밥을 먹는 내내 마음도 조금 불편하고 속이 풀리지도 않았습니다.

식사 후에는 대전에 심방 갈 일이 있어서 떠나야 하는데, 피곤한 듯 앉아 계신 두 권사님이 보였지만 평소처럼 수고하셨다거나 고맙다는 인사도 없이 그냥 차를 타고 심방을 떠나고 말았습니다.

그날 아침, 김구환 권사님은 다리가 좋지 않아 많이 부어 지팡이를 짚고 교회에 오셨다고 합니다. 정점례 권사님도 건강이 좋지 않은 몸으로 봉사를 하시러 오신 것이었습니다. 대전에서 올라오는 차 안에서 미안한 마음에 두 권사님에게 전화를 드렸습니다.

"울었죠?"

"네"

"에고~ 미안합니다. 까칠한 목사라서…."

"아니에요~ 목사님. 저희들이 죄송하죠. 비용을 좀 아껴서 한다는 게 그냥 이렇게 되었네요."

"그래요 권사님, 죄송하구요. 우리끼리야 뭐 어때요? 그런데 누군가를 대접하는 건 조금 더 마음을 쓰는 교회였으면 좋겠습니다."

"네 목사님. 목사님 마음 잘 알죠. 죄송해요."

그렇게 말해 주는 권사님들이기에 괜히 더 미안했습니다. 이 말을 제 친구 목사님들에게 했더니, 놀라면서 "아니 그 권사님들 정말 시험 안 들었어요? 정말 괜찮은 거예요?" 하는 것이었습니다. 우리 권사님들과 담임목회자 사이가 이 정도라는 걸 도저히 믿지 못하겠다는 표정이었습니다. 저는 그렇게 큰일인가 어리둥절했답니다.

# 왜 다쳤나고요? 일단 만 원!

제 친구 목사님이 축구 하다가 발을 다쳤습니다. 그 목사님은 입원해 있는 병실 입구에 발을 다친 이유에 대해 자세하게 써 놓았다는 겁니다. 병원에 오는 사람마다 물어보는데 대답하기 힘들어서 그렇게 했던 모양입니다.

얼마 전 제가 팔을 다쳤는데요. 만나는 사람마다 "목사님 팔 다치셨어요? 어쩌다가 다치셨어요?" 물어보시는데, 대답을 안 할 수도 없고, 또 매번 설명하려고 하니 힘들기도 했습니다.

다친 사정은 이렇습니다. 2주 전 토요일에 고양시에 있는 배 과수원으로 남성 교인과 청년 30여 명이 일하러 갔습니다. 성은숲속교회 목사님께서 2,300평 땅에 배 농사를 짓는 곳인데, 올해부터 우리 교회가 빌려서 배 농사를 짓고 있습니다.

배 농사에 대해 아시는 분들은 아시겠지만, 배나무는 처음에 잘라 주고 꽃을 꺾어 주고, 배 열매가 많이 달린 것은 따주기도 해야 합니다. 그리고 포장만 잘해 주면 그다음에는 별로 할 일이 없다고 하더라구요.

사다리를 이용해 배를 포장해야 하는데, 그날 함께 갔던 청년 중 한 명이 무척이나 사다리에 올라가 포장을 해보고 싶어하는 것입니다. 그래서 사다리를 양보하고 저는 플라스틱 배 상자 두 개를 올려놓고 포장을 했습니다. 그러던 중 미끄러져 넘어지면서 팔을 땅에 짚어 팔을 다쳤습니다.

병원에 갔더니 인대가 늘어났다고 했습니다. 아내에게 혼날까 봐 다음 날 주일에도 말하지 않고 숨겼는데, 우리 철없는(?) 교인들이 아내에게 일러바치고, 한의사인 집사님이 저렇게 손이 붓는 것은 문제가 있는 거라며 반드시 병원에 다시 가야 한다는 겁니다.

결국 처음 갔던 병원에서 CT 촬영을 했고, 결과는 왼쪽

검지 밑 부분 뼈가 떨어져 나갔다는 것이었습니다. 저는 졸지에 뼈가 부러졌는데 버틴 황당한 사람이 되고 말았습니다. 아내는 "그것 보세요. 그렇게 팔이 붓는데 깁스를 안 한다는 게 말이 되나요?"라며 핀잔을 주었습니다.

교회에 돌아오니, 다시 교인들이 팔에 대해 물어보기에 7대 1로 싸우다 다쳤다고 말했습니다. 교인들은 당연하다는 듯 "목사님이 이기셨죠?" 하고 되받아쳐 주었습니다. 우리 성도들은 제가 싸움을 아주 잘하는 줄 아는 모양입니다.

저에게 또 왜 다쳤는지 물어보는 분들이 있으면, 벌금 만 원을 물기로 광고했습니다. 아마 물어본다면 그날 주일예배에 참석하지 않는 분들이 아닐까요? 그렇게 모은 벌금은 전도 많이 하시는 분들을 위해 지원하도록 할 것입니다.

요즘 같은 불경기에 만 원이 어디입니까. 무지 감사한 일이죠. 그럼요. 하나님 나라를 위해 제가 왜 다쳤는지 많이 물어봐 주면 좋겠습니다.

## 일단 만 원 줘 보세요

"아이고 목사님! 괜찮으세요?"

요 며칠 가장 많이 들었던 말이구요. 이젠 슬슬 마음이 불편해지려고까지 합니다. 그럼에도 저를 걱정해서 해 주시는 말들이라 뭐라 할 수도 없네요. 오늘 이 이야기를 끝으로 저에게 "아이고~ 목사님 괜찮으세요~" 이 말을 하시는 분은 제게 일단 만 원 줘 보세요. 현찰부터 받고, 다친 눈 이야기를 해 드리려고 합니다.

지난주 토요일 우리 교회가 공동체로 농사짓고 있는 배밭에 갔었습니다. 배 농사는 배 포장하는 걸로 거의 마무리

되는데요. 이제부턴 풀 베고, 가끔 농약을 쳐야 우리가 먹을 수 있는 배가 됩니다. 작은 열매로 있을 때 포장해 주면 끝이 나구요. 올해는 2만 5천 개쯤 포장이 되었다고 하네요.

마무리 포장하러 간 날~ 우리 교회 유치부 꼬마들 7명이 자기 아빠를 따라 같이 왔습니다. 그 밭 뒷산엔 방방이(트램펄린) 2개가 설치되어 있었구요. 꼬마들이 그 방방이에서 노는데 제가 같이 들어가서 누워 있기도, 같이 뒹굴기도 했습니다.

사실 가만히 누워 산에 있는 나무, 새소리, 벌레 우는 소리도 듣고 싶었는데요, 에너지가 펄펄 끓는 유치부들이 있을 땐 그건 그냥 소망일 뿐이었습니다.

조금 큰놈들이 깡패처럼 설치는 바람에 더 작은 꼬마들을 보호하러 방방이 안에 들어가 박동일, 김유정 집사 아들(박하휼)과 이야기하는 중에 김현소, 박정선 집사 아들(김서하)이 뒤에서 저를 밀어 버린 겁니다. 그 순간 제 눈이 하휼이 머리와 부딪쳤습니다. 눈 옆이 밤탱이가 되어 버리던데요.

아이들에게 우리 "아이스크림 사러 갈까?" 하고 물으니, 아이들은 "네~" 하고 큰소리로 외쳤습니다. 약국은 5분쯤

시내로 차를 타고 나와야 있거든요. 내일은 주일이고, 다른 교회 집회도 있고, 세미나도 있고, 여러 사람 만날 약속이 많은데 '눈이 괜찮으려나?' 하고 찾은 약국의 약사님은 "그냥 멍이 밑으로 내려옵니다. 특별한 약은 없구요. 멍 없어지는 약도 없습니다. 시간이 지나야 낫는 거예요~ 그런데 왜 그러셨어요?" 하고 묻더군요.

그래도 약을 좀 달라고 우겨서 먹는 약을 타 가지고 차 안으로 들어오자 아이들이 난리가 났습니다. 어떤 놈은 울면서 목사님이 아이스크림 사 준다고 하셨는데 여기 아이스크림 가게가 어디 있냐고 항의까지 하더라니까요. 결국 근처 맥도날드로 데려가서 아이스크림을 사 주고 다시 배밭으로 갔습니다.

거울에 비친 얼굴 오른쪽엔 약간의 혹이 달려 있구요. 이제 이 혹으로부터 시작해서 오른쪽 눈이 붓고, 멍든 얼굴로 주일을 맞이하는 제 신세가 되어 버렸습니다.

토요일 오후부터 "아이고 목사님 왜 그러세요?" 이 말을 만나는 성도마다 하네요. 아내와 전도사님도 "아이고 목사님~~" 하는 건 똑같구요. 서하와 하휼이 엄마인 박정선, 김유정 집사는 울기까지 하며 제게 죄송하다 합니다. 하지만 이렇게 아이들을 교회에서 키우는 건 정말 잘하는 거라 말해 줬습니다.

## 어느 초보 신자의 편지

우리 교회에 등록하고 신앙생활을 시작한 지 몇 달 되지 않은 초신자.

"목사님~ 하나님의 구원이 정말 선물처럼 제게 왔습니다!" 하며 나름 열심히 교회에 출석하시는 이분은 가끔 제게 카톡으로 메시지를 보내곤 합니다. 경제적으로도, 사회적 지위로도 별로 아쉬울 게 없는 사람인데요. 얼마 전에는 "십일조도 시작했습니다" 하는 소리도 하더군요.

사실 오랜 세월 믿음의 길을 걷는 분들이 보기엔 아직 너무 어린 신앙이기도 합니다. 하지만 요즘은 그 성도 보는 재미가 제법 쏠쏠하기도 합니다. 어제 철야예배를 끝나고 제게 카톡이 또 왔습니다. 그 성도의 허락을 강제로 받고 이 글을 올립니다.

"오늘 철야예배 너무 은혜로워 감사드립니다. 2층 뒤쪽에 있었는데, 정말 많이 눈물이 났고, 목사님처럼 하나님을~ 주님을~ 목청껏 소리 높여 원 없이 불러 보았습니다.
딱히 이유는 모르겠지만, 마음이 너무 평안해지는 큰 선물을 받았습니다. 성만 가족들의 충만한 믿음 생활을 보면서 늦었지만, 지금이라도 동참할 수 있게 해 주신 주님의 크신 은혜에 감사드립니다. 목사님 말씀처럼 신앙 생활하며 제대로 볼 수 있길…. 감동 받으며, 은혜 받으며 행동하는 신앙을 갖길 소망하게 되더군요.
이제 조금 있다 새벽에 고향인 대구에 불신자인 부모님과 형제자매들을 만나러 갑니다. 제가 그들을 만나 자연스럽게 주님의 복음을 지혜롭게 전달할 수 있도록, 그들의 마음 문을 하나님이 열어주시기를 목사님께 기도 부탁드립니다.
노회 목사님들과의 여행을 건강하게 잘 다녀오신 목사님 모습을 뵈니 왜 이리 반가운지요~ 목사님이 우리 교회에 꼭 필요하시고 절대적 무게감이 있는 존재이듯, 저도 제 주변 사람들을 목사님처럼 섬기고 기도하여 그들에게 위로와 안식 주는 그리스도인이 되도록 노력하겠습니다. 오늘 감사했습니다. 주님 안에서 평안한 밤 되길 기도하겠습니다."

저는 이렇게 답장했습니다.

"가족에게 잘해 드리고 오실 때~ 슬며시 말씀드리세요~ 뭐든지 한 방에 되는 것은 없습니다. 그저 우리는 우리 주변 가족을 포함한 그 누군가에게, 마음을 담아 우리가 할 수 있는 일을 하고, 결과를 주님께 맡길 수 있어야 하거든요.
'가족 전도'라는 무거운 마음이 아닌, 나를 낳아 주시고 길러 주신 고마운 부모님과 형제들에게 맛난 거 사 드리고, 인사하고 온다 생각하고 다녀오세요~
'제가 요즘 새로 교회를 다니기 시작했는데, 다녀보니 좋습디다~ 부모님 위해서도 기도하고 있습니다' 뭐~ 이 정도만 해도 아주 훌륭한 겁니다. 한 방에 뭔가 끝내려 하지 마시구요. 저도 기도로 돕겠습니다."

첫눈 오는 어느 날 아침, 행복하네요~

# 조폭에게 세례 주기

180cm가 넘는 키에 110kg 이상 나가는 몸무게를 갖고있는 황성진 권찰은 주일이면 꼬박꼬박 빠지지 않고 교회에 나옵니다. 이번 주에도 1명을 전도했는데 매년 7~8명 이상 전도하는 성도가 되었습니다.

사실 이분은 어둠의 세계에 있었고, 우리 교회를 다니고 저를 만났을 때도 부천 중동 롯데백화점 옆에서 룸살롱을 운영하고 있었습니다. 제가 미국에서 부흥회를 하고 있을 때 교회에 등록했다는 말을 듣고, 돌아와서는 "등록하셨다는 말을 들었습니다. 제가 밥 한번 살게요" 하자 "아닙니다, 제가 술 한번 모시겠습니다" 했던 성도이기도 하구요.

재작년 10월쯤으로 기억합니다. 황성진 권찰 일행과 산에 갔었는데요. 그곳에서 제게 물었습니다.

"목사님! 세례가 무엇입니까?"
"세례는요~ '밥티즈마'라고 하는데요. 예수님을 구주로 믿는다는 고백이고, 옛사람이 죽고 이제 예수님과 함께 새 생활을 한다는 의미예요."
"그래요? 근디~ 그걸 내게 갈쳐 준 사람이 없어여~"
"지금 가르쳐 드렸잖아요~"
"그럼 시방 제게 세례를 주십쇼~"
"아니~ 뭐가 준비되어야 세례를 주지 아무렇게나 해요?"
"뭐가 필요헌디요? 예수 믿는다면 주는 거라고 하셨잖아여?"
"아니 뭐 물도 있어야 하고요…."

그 말이 끝나자마자, 지리산 솔잎엑기스에 꿀을 넣은 제주도 삼다수 큰 물통을 들이밀고 그것으로 세례를 자기에게 해 달라고 졸랐습니다. 진정성이 느껴지기도 했구요. 황성진 권찰은 같이 간 후배들에게 "야! 잘 박아야~" 하고 사진도 찍었습니다.

지금은요? 그 돈 잘 벌리던 룸살롱을 정리했습니다.

세례받은 직후, "목사님! 술집 하는 놈들은 나쁜 놈들이지요?" 해서 "아니~ 술 때문에 문제가 많이 일어나잖아요?" 했더니 "그럼 술집 때려 칩니다" 하고는 정말 술집을 정리했습니다. 지금은 '금솔엔터테인먼트'라고 업체를 차려서 회갑 잔치나 지방행사에 가수들을 지원하는 사업을 하고 있구요. 스크린 골프장도 하나 개업하려고 기도하며 준비 중이랍니다.

매주 그 큰 덩치를 흔들며 예배가 끝나면 90도로 인사하고 가구요. "저 전도 잘해요~" 하며 으쓱거리기도 합니다.

인사 후 어린 꼬마의 미소를 가지고 돌아서는 황성진 권찰의 모습에, 어둠의 세계에 있었던 사람이라곤 눈을 씻고 봐도 1도 없습니다. 우리 성도들에게 "무섭지 않아요?" 하고 물었더니 "무서워요"라고 말하는 성도는 한 명도 없었습니다. 이런 게 복음의 순기능 아닌가 싶습니다.

사람의 인생이 바뀌는 주님의 능력은 대단하기도 하구요.

어느 사람이든 예수님의 복음이 그 사람 삶 속에 들어가면 그 어떤 사람이라도 바뀌거든요. 복음은 말이 아니라, 능력이라는 말이 실감나는 순간입니다.

# 오만 원의 행복

"오늘 11월 29일은 행복한 식당 월급날이다. 매주 화요일 한 번씩 서빙으로 섬기는데, 하루 봉사비가 만 원, 화요일이 다섯 번이라 월급이 노란봉투에 담겨 오만 원이다. 식당 봉사가 끝나면 셰프 정점례 권사님은 남은 음식도 봉사한 분들에게 골고루 나누어 싸 주시기에 그 재미도 쏠쏠하다. 화요일 10시 30분까지 가서 점심식사 봉사를 하고 2시면 마무리된다. 봉사도 재미있고 좋은데 함께 봉사한 분들하고 식사하는 시간은 더 행복하다.
월급 오만 원을 받아 남편 김훈기 집사한테 자랑했더니, 당신도 달라고 해서 남편 용돈 만 원을 드리고… 십일조 오천 원, 드라이크리닝 오천 원, 삼겹살 만 원….
'내일은 생선 만 원어치 사서 동생하고 근처에 있는 엄마 집에 가서 맛있는 저녁 먹고 온다'고 세종시에 사는 동생과 통화하면서 얘기했다. 그랬더니 자기 아플 때 우리 교회 목사님과 사모님, 권사님들이 기도해 주시고 잘해 주셨다고 일년치 행복한 식당 헌금을 한다고 해서 우리 교회 계좌번호를 알려 주었다. 그런데 남은 만 원은 무엇을 하지??"

"목사님~ 그냥 좋고 행복해서 써 봤습니다~"
이동숙 권사님이 제 카톡에 얼마 전 남겨 주신 글입니다. 허락받고 올립니다.

'행복한 식당' 하루 일당이 셰프는 2만 원, 서빙으로 섬기는 분들은 만 원입니다. 이런 게 잔재미가 아닐까 싶어서 우리 장로님들, 기획부, 매니저로 섬기는 진명자 전도사님, 재정부장 김진영 집사님과 의논했구요. 재미있게 시간을 보내고 있습니다.

11월 월급을 노란봉투에 받으신 이동숙 권사님이 그 월급 받고 감사하고, 행복해서 이리저리 나눔을 하시고, 자랑도 하신 것 같구요.

행복한 식당에서 봉사하는 분들이 식당 일을 하셨던 분들도 아닙니다. 100명도 넘는 분들을 섬기고, 설거지하고, 안내하는 것도 사실 쉬운 일은 아니거든요. 힘들긴 하지만 끝내고 돌아오면 마음이 뿌듯해지고, 감사가 가득하다고 말씀하시는 분들의 이야기를 많이 들었습니다.

## 은혜~ 은혜롭다

"목사님~~ 우리 양소영 집사가요~ 요즘 예수님 믿지 않던 자매들과 결혼한 남자들이 가장 부러워하는 롤모델이에요."

5교구를 맡고 있는 박정선 간사가 심방 가던 길에 저와 아내를 보며 했던 말입니다.

양소영 집사는 불신자였습니다. 이종우 집사가 이 자매와 결혼을 결정하고, 주례를 부탁해 왔습니다. 토요일 오후, 결혼식 장소는 서울 어린이대공원 쪽이었습니다. 부탁받은 주례를 처음으로 못 했던 예식이 바로 이종우 양소영 부부 결혼예식이기도 하구요.

교회에서 대형버스로 일찍 출발해 식사하고 예식 진행한다고 예상시간보다 훨씬 일찍 출발했지만, 트래픽 때문에 도로에 서 있어야 하는 차 안에선 난리가 났습니다. 저 혼자 오토바이 퀵서비스를 불러, 그 추운 날 뒤에 타고 달려 갔지만 그마저도 예식 시간을 지킬 수 없었습니다. 다행히 그 날 예식에 오신 목사님께 주례를 부탁하고, 부부와 사진만 겨우 찍을 수 있었구요.

양소영 집사는 이종우 집사와 결혼 전 데이트를 하는데, 후진하는 자기 남편 팔 근육에 반해 결혼을 결정했다나요. 울퉁불퉁 핏줄이 선 그 팔뚝이 그렇게나 매력적으로 보였다구요. 결혼 이후에도 후진할 때면 언제나 팔뚝을 걷어제치는 이종우 집사가 이젠 웃기기도 하다며 깔깔거리기도 했습니다.

한 교회에서 30년 목회하다 보니 이러저러한 신앙의 유형들을 보게 되는데요. 보통 여자가 믿음 좋고, 남자가 끌려다니는 부부는 언젠가 신앙 안으로, 교회 안으로 들어오기 쉬운데요, 반대로 남자가 믿음 좋고, 여자가 끌려다니는 편이면 세상으로 나가는 경우들이 많거든요. 그런데 이종우 양소영 부부는 달랐습니다. 부천에 살다가 광명으로 일산으로 서울로 이사 다니고, 딸 둘을 낳고 큰딸이 중학교 2학년이 되고 둘째가 6학년 졸업반이 될 때까지도 한결같이 교회와 함께하는 모습을 보였구요. 권찰, 구역장, 그러다가 교구를 섬기는 교구장으로 교회와 함께하고 있습니다.

불신자에서 교회에 다니는 한 남자의 아내가 되고, 두 아이의 엄마가 되고, 교회와 멀리 떨어지기도 했지만, 거리와 관계없이 언제나 한결같이 교회 곁에 서 있는 양소영 집사가 간간이 들려주는 신앙 스토리는 늘 은혜 가득합니다.

홀로 믿음의 선한 싸움을 하던 순간, 너무너무 힘들어서 어딘가 도망가고 싶었던 순간에도 주님은 늘 양소영 집사와 함께했고, 그 은혜를 체험한 자매는 서서히 은혜로운 하나님의 사람으로 변했습니다. 이제는 불신자 자매들과 결혼한 남자들이 '내 아내도 양소영 집사와 같은 신앙생활을 했으면 좋겠다!' 하고 고백하는 자리에 있다고 하네요.

언제나 모이면 분위기를 밝게 만들고, 웃게 하고, 가벼운 농담이라도 신앙적인 은혜로 반전시키는 재주가 있는 양소영 집사가 얼마 전, "목사님~ 저도 목회수첩요~" 하고 깔깔거리며 농담 반 진담 반으로 제게 요청을 하기도 했습니다. 사실 이 글도 맨 처음 제목은요… '목회수첩 출연 요청으로 쓴 글~' 요렇게 하려다 말았습니다.

요즘 이종우 양소영 부부는 '은혜롭다…'라는 마음으로 우리 곁에 있답니다.

## 목사님! 저 차 샀어요~

33살 청년 이서준의 이야기입니다. 청년이 자동차를 산 게 뭐~ 대수냐 할 수 있지만, 우리에겐 특별한 선물입니다. 도저히 이런 일이 일어난다고 생각지도 못했거든요.

서준 청년은 10대 때부터 조울증, 조현병, 우울증으로 오랫동안 외톨이 생활을 했습니다. 이런 어려움 때문에 가족은 늘 우울했구요.

그런데 어느 날 우리 교회 염재림 권사님이 서준이와 그 엄마를 데리고 교회에 나타난 겁니다. 영등포에 있는 여자고등학교 동창이었다고 하더라구요. 염재림 권사님 생각엔 서준이가 우리 교회와 우리 목사님을 만나면 틀림없이 좋아질 거라는 마음이 들었다나요.

그 이후 어떻게 됐냐구요?

모두 알다시피 우리 서준이와 같은 증상은 그렇게 쉽게 좋아지는 게 아니거든요. 온종일 방에 홀로 있는 서준이에게 교회에 출근하라 말해 주고, 교회에 나오면 잡다한 일도 같이하고, 점심도 같이 먹고 퇴근하고 그랬습니다. 서준이는 교회에 1년 정도 그런 식으로 출퇴근했구요, 증상이 좋아져 이제 취직을 했습니다.

서준이 말로는 제가 일본도 데려가고 부산도 데려갔다는데요. 부산은 같이 간 기억이 있는데 일본은 잘 생각이 나진 않더라구요.

얼마 전 서준이 엄마 심영미 집사로부터 문자가 왔습니다.

"목사님 저 서준이 엄마예요. 고등학교 동창이 절대로 종교가 바뀌지 않을 것 같았고 염재림 권사 만나 성만교회 간 게 제일 잘한 거래요. 많이 밝아졌고 편해 보이더래요. 감사합니다."

문자가 온 날이 우리 서준이가 토요일 쉬는 날인데, 심영미 집사님 구역이 교회 청소하기로 한 날이었구요. 교회에 나와야 하는 심영미 집사가 서준이에게 "서준아, 엄마 교회 가야 하는데 데려다줄 수 있니?" 했습니다. 서준이는 "네~~" 하고 일어섰구요. 그날 교회에서 점심식사를 몇몇이 하는데 서준이가 엄마를 대동하고 나타난 겁니다.

이제는 굉장히 좋아져서 쿠팡 물류 창고에서 일하다 지금은 김포에 있는 롯데몰에 취직해서 일하고 있구요. 자동차도 사서 출퇴근 시간에 운전도 하구요. 그 자동차를 산 후 제게 와서 아주 자랑스럽게 "목사님! 저 차 샀어요~" 했습니다. 우리 서준이는 지금도 그 자동차를 타고 출퇴근을 하고, 교회도 나옵니다.

33살 서준이에게 이제 새로운 가족을 우리 주님이 만들어 주셨으면 좋겠다는 마음이 들었습니다. 여기까지 '우리 서준이를 인도하신 주님이 더 행복한 모습으로 인도 못 하시겠나?' 하는 마음도 들구요. 서준이 모습 때문에 감사하고, 행복한 날입니다.

# 미워할 수 없는 악동들

강원도 강릉 경포대해수욕장이 욕실에서 바로 보이는 라카이샌드리조트라는 멋진 공간이 있습니다. 몇 해 전 처음 간 뒤 방학이면 첫날부터 마지막 날까지 교회에서 책 읽고 공부하는 '독서마라톤'에 참가한 아이들 몇십 명을 데리고 갔었습니다. 하룻밤 잤는데 매니저에게 전화가 왔습니다. 아이들이 너무 떠들어 다음부터 성만교회를 받을 수 없다는 내용이었구요.

이번 여름에는 강화도 외포리에서 1시간 20여 분 배 타고 볼음도라는 섬으로 갔습니다. 세계 5대 청정갯벌 가운데 하나라고 들었는데요. 거기 사시는 분들은 두 번째로 청정한 갯벌이라고 말씀하시더라구요. 그곳에 갔다가 백합조개를 캐고, 망둥어 낚시를 하고, 함께 수영장에서 수영을 하고 싶었습니다. 이번 볼음도에는 90여 명이 함께 갔습니다. 손자, 손녀 봐주는 어르신들이 "딱 한 시간만 예쁘다. 올 때는 반갑고, 갈 때는 더 반갑고 고맙다"고 말하시던데요. 제가 딱 그 짝이었습니다.

몇십 명 되는 아이들과 함께 2박 3일 해 본 경험 있으세요? 없으시면 말을 마세요. 무술 21단 박현우 집사님에게 아이들 군기 잡으라고 초딩 남자 숙소에 보냈더니, 새벽에 남자 집사님들이 자는 방으로 도망갔구요. 초창기 종합격투기 선수로 활약한 여운경 집사는 아이들 군기 잡으라고 들여보냈더니 당신이 군기 잡혀서 나왔습니다. 새벽에 아이들이 엄마 보고 싶다고 서너 명이 울기 시작한 모양입니다. 엄마한테 전화해 달라고 하는 녀석들을 달래고 달래며 팔베개하고 재워 주다 아침에 핼쑥한 얼굴로 우리들을 만났습니다.

대한민국에서 아이스크림값이 제일 비싼 그 섬 동네에서

아이스크림을 사줬더니, 한 입 깨물어 보곤 제게 불쑥 다시 내밀며 "왜 맛이 없어요?" 하더군요.

백합조개를 캐러 간 세계 두 번째 청정갯벌에서 아이들은 백합을 캐기보단 그 뻘밭에서 수영을 하고 있었습니다. "아니~~ 그렇게 하면 옷 버리잖아?" 하는 말에 "그래도 이게 제일 재밌어요" 하더군요.

볼음도에 해수욕장이 하나 있었습니다. 해수욕장에 몰려가 수영하고 있는 아이들이 예뻐 보이기도 하구요. 또 잘 어울리지 못하는 녀석들에게 다가가 수영도 알려 주고, 물싸움도 하려고 들어갔다가 5학년 꼬마 악동들에게 잡혀서 윗옷 서너 군데가 찢어져 버리고 말았습니다.

라카이샌드리조트를 다녀오며 얼마나 후회를 했는지 모릅니다. '내가 이런 행사를 다시 하나 봐라~' 볼음도를 다녀오며 얼마나 후회를 했는지 모릅니다. '내가 이런 행사를 다시 하나 봐라~'

그런데요~ 다시 안 할 자신은 솔직히 없습니다. 아이들이 여름방학, 겨울방학이면 또 공부하러 교회로 올 테구요. 이렇게 예쁜 악동들을 기쁘게 해 줄 수 있는 어떤 게 생각나면 저는 또 '내가 이런 행사를 다시 하나 봐라~~'는 잊어버리고, 또 이런저런 궁리를 하게 될 것 같습니다.

　손자, 손녀를 안 보면 보고 싶고, 보면 힘들면서도 또 안 보면 궁금해 슬쩍 찾아가는 어르신들의 마음이 제게 아직 남아 있는 것 같아서요.

# 할머님들과 수다

매주 목요일에 '안나구역'이 기도하는 시간이 있습니다. 대부분 나이 드신 할머님들이 모이구요. 개척 후 세월이 지나고 있는 지금도, 여전한 모습으로 교회와 함께 하고 있는 분들이 제법 됩니다.

"우리 교회가 부천에 있는데, 김복춘 권사님은 인천 부평에서 나오려면 멀지 않으세요?" 하는 질문에 "목사님! 은혜가 꼭 예배 시간만이 은혜가 아니더라구요. 오고 가는 길에서도 얼마나 은혜가 되는지 몰라~" 하시면서 멋쩍게 웃으시기도 하셨습니다.

정말 오랜만에 목요일 차량 운행을 했습니다. 부교역자들이 바쁜 일들이 많아서 시간이 남은 제가 중동과 부평, 삼산동 가는 버스 운전대를 잡은 겁니다.

"목사님이 차량 운전을 하실 줄 아세요?" 하시며 깔깔거리는 분들. 만난 지 20여 년이 넘은 분들이 몇 분 계시기도, 10년 안 되신 분들도 몇 분 계셨습니다. 그중 올해 85세 되신 조정순 권사님은 늘 저랑 장난치듯 지내고 있는데, 차 안에서 또 몸이 근질거려서 제가 장난을 걸었습니다.

"권사님? 그 첫사랑이라는 남자분 환갑잔치에서 안고 돌았던 말 좀 다시 해 주세요~" 하자, 차 안에서는 너무 늦었다는 둥, 그래도 너무 했다는 둥 이런저런 말을 하며 할머님들이 깔깔거리기 시작했습니다.

조 권사님은 "아니~ 그게 아니고, 우리 바깥양반 살았을 때, 시골 내려갔더니 곽갑수라고 젊어서부터 같이 지낸 노인이 환갑이야. 나한테 와서 자기가 나 좋아했는데, 다른 남자에게 시집가서 그날 잠을 못 잤다고 손 한번 잡아 봐도 되냐고 물어봐서 잡으라 했지~" 하셨습니다.

그 말에 차 안에선 모두 깔깔거리고, 너무 늦었다고, 그다음은 어떻게 됐냐고 묻기도 했습니다.

권사님은 아무렇지도 않은 듯, "손잡으라고 했고, 한 번 안아 봐도 되냐고 해서 그러라고 했지~ 한 번 안고 빙 돌았어~" 이 말에 또 깔깔거리고 모두들 웃고 말았습니다.

20여 년이 훨씬 지난 지금까지 교회와 제 곁에 계시는 할머님들의 웃음소리는 왜 그렇게 소녀처럼 싱그럽게 제 귀에 들리는지요. 목사님과 오랜 시간 같이 있어서 고맙다 하시며 내리시는 할머님들의 건강이 예전 같지 않았습니다. 지팡이가 없어도 평생 다니실 것만 같았던 분들이 지팡이를 잡고 계셨고, 오르내리는 것도 많이 힘겨워 보였기 때문입니다.

"제가 은퇴할 때까지는 아프지도, 죽지도 말아야 합니다. 저 힘들게 하지 말고, 지금 하나님 앞에 가시면 저는 그곳에 없으니까 여기서 제가 잘해 드릴게요. 그러니까 아프지도 돌아가시지도 마세요~" 하는 제 말에, "목사님 연세가 몇인데 은퇴할 때까지 여기 어떻게 있어요?" 하십니다.

"연세는 무슨 나이죠~ 그래도 절대 아프시거나 돌아가시는 건 안 됩니다. 반칙이에요" 하며 우기고 말았습니다.

기도의 어머니로 오랜 세월 교회와 목회자와 우리 성도들 곁에 계시던 할머님들의 존재를 어쩌면 우리는 잊고 사는지 모르겠다는 마음이 듭니다. 정말 고마우신 할머님들을 말입니다. 오늘 감사일기에 이 글을 전 기록할 겁니다. 따뜻한 고마운 마음을 담아서요~

# 목사님! 도망치셨다면서요~

문종수, 박수영 집사의 둘째인 올해 5살 난 꼬마 예담이가 금요기도모임에 오는 중 엘리베이터를 기다리며 제게 한 말입니다.

"엥? 어떻게 알았니?"

"다 아는 수가 있죠. 누나가 말해 줬어요! 목사님이 런닝맨 하다가 자동차 타고 도망치셨다고요. 근데 어디 숨으셨어요?"

"너희 누나가 무서워서 '아름다운가게'(교회 안 공익사업 점포)에 숨어 있었어~"

"아~ 그랬구나. 그래도 그렇게 무서우셨어요?"

"응 진짜! 무서웠어~" 이렇게 말하자 예담이는 낄낄거리며 입을 손으로 가리고 웃었습니다.

방학 중 우리 교회가 하는 독서마라톤이 거의 끝날 무렵 아이들과 오랜만에 함께할 시간이 있었습니다.

점심 먹고 잠깐 시간이 남을 때였는데 아동부 꼬마들 7~8명이 우르르 제게 몰려오더군요. 그 순간 그냥 도망가야 되겠다는 마음이 들어 뛰었습니다. 아이들은 "목사님 도망가신다!" 하면서 쫓아오구요.

식당으로, 교회 마당으로 이리저리 도망 다니다가 하도 아이들이 쫓아와서 지하주차장으로 도망갔는데, 무지막지한 놈들이 거기까지 우르르 쫓아온 겁니다. 그래서 제 차에 타고 문을 잠가 버렸습니다. 아이들이 문을 두드리고, 난리가 났구요. 슬슬 시동을 걸고, 차를 가지고 밖으로 나오자 또 차를 따라오기 시작했습니다. 교회를 한 바퀴 돌고, 차에서 내렸더니 꼬마들이 지하주차장에서 저를 기다리고 있었습니다. 또 저는 도망치기 시작했구요. 아이들은 "목사님 잡아라~" 하며 쫓아오기 시작했습니다.

다시 이리저리 도망을 다니다 교회 1층에 있는 '아름다운

가게'로 들어갔는데 몇몇 손님들과 마침 제 아내가 거기 있었습니다.

"뭐하세요?" 아내가 묻더군요. 저는 헉헉거리며 아이들을 피해 도망쳤다고 말했습니다. "에고~ 일단 이쪽으로 와 보세요" 하더니 구석진 곳에 앉을 수 있게 해 줬습니다. 아이들은 저를 찾아 이리저리 몰려다니는 듯했지만, '아름다운가게' 안으론 들어오지 않더군요. 그냥 하염없이 그 구석에 앉아 있었습니다.

아내는 딱하다는 표정으로 저를 보고 있고, 청년 두 명도 이 상황이 웃긴지 낄낄대더군요. 그렇게 아내 덕분에 아이들 손에서 벗어날 수 있었구요. 녀석들은 저를 담임목사로 보는 게 아니라, 분명히 지들 친구로 보는 듯합니다. 저만 만나면 잡으려고 쫓아다니는 바람에 다리에 알이 배긴 것 같기도 하구요.

예담이는 자기 누나 예솔이에게 그 말을 듣곤, 저를 만나자마자 "목사님! 도망치셨다면서요?"라고 했습니다. 5살 꼬마도 제가 웃긴지 낄낄대며 손으로 입을 가리고 웃기도 하구요. 성만교회 담임목사는 이렇게 아이들에게 놀림 받으면서 교회에서 버티고 있답니다.

## 땡큐! 보이스피싱

지난주 이강호, 박명자 집사님 부부가 정순애 전도사님에게 삼백만 원을 주고 가셨답니다. 제주도에 목회계획을 하러 교역자들이 가시는데 보태서 사용했으면 한다는 말도 덧붙이시구요. "아니! 웬 돈을 이렇게 많이요?" 정순애 전도사님이 의아해 물었구요. 박명자 집사님은 웃으시며 보이스피싱 이야기를 해 주셨는데요.

어느 날 그 집 막내 딸 한라에게 카톡이 왔습니다.
"엄마! 저 핸드폰이 땅에 떨어져 고장 났어요. 제 친구가 오피스텔 계약금 육백만 원을 부탁했는데, 일단 엄마가 이 계좌로 먼저 좀 넣어 주세요~ 제가 핸드폰 고치면 연락드릴게요."

딸이 그런 문자를 카톡으로 정확하게 보냈으니, 사정이 있나 보다 하고 입금을 했는데, 입금하고 두어 시간이 지나고 보니 이게 아니었던 겁니다. 급하게 은행으로 달려갔지만 벌써 인출이 되어 버렸구요.

"하나님~ 돈 찾게 해 주세요."

간절하고 짧게 기도했지만 이미 허망한 마음 가득함에도, 그 순간 '만일 돈을 찾게 해 주시면 주님께 드려야지' 하는 마음이 들더라나요.

조선족들이 전화해서 어눌한 말투로 "서울중앙지검 ○○○ 수사관입니다. ○○○ 씨 맞으시죠?" 하는 이런 건 옛날이야기입니다. 요즘 보이스피싱은 ① 무조건 핸드폰 액정이 고장 났다, ② 지금 컴퓨터로 카톡하는 것이다, ③ 두 시간 후면 고친다, 고치고 연락하겠다고 한답니다. 생각보다 수법이 너무 정교해서 진짜 가족 친지의 어투로 정확하게 카톡을 보내오기 때문에 깜빡하면 나도 당할 수 있다네요.

덜컥하고 떨리는 가슴을 안고 찾은 은행에선 안 된다는 말을 듣고 돌아섰고, 경찰서에 두 번이나 갔는데 거기서도 박명자 집사님 또래의 아주머니들 두어 분이 똑같은 피해를 입고 울고 계셨습니다.

그런데 어떻게 어떻게 삼백만 원을 다시 찾게 된 겁니다. 그 돈을 찾자마자 교회로 발걸음을 옮겨 교역자들의 제주도 목회계획에 보탬이 되었으면 하고 주셨구요. 우리 교역자 13명은 그 덕분에 교회 재정 도움 전혀 없이, 그 삼백만 원과 여러 성도들이 주는 용돈으로 충분히 여유롭게 제주도를 다녀올 수 있었습니다.

세상 살다 보니 보이스피싱 덕도 보고 사네요~ 이강호, 박명자 집사님 부부와 통화하며 이 말을 듣곤 '목회수첩에 써도 되냐?'고 조심스레 물었습니다. "그럼요~~! 목사님~ 얼마든지 쓰세요. 다른 성도들이 절대 저처럼 피해당하지 않도록 마음껏 쓰세요" 하셨습니다.

자기 돈을 사기당했는데, "그 돈 얼마야?" 하고 아쉬워하고 속상해하고, 원망해야 정상 아닌가요? 그럼에도 그 돈을 제주도 가서 사용했으면 좋겠다고 싸 들고 온 성도들도 있

더라니까요~

　모두들 보이스피싱 주의하시구요. 이강호, 박명자 집사님과 같은 부부도 있었다는 것도 잊지 마시구요~ 좌우간 이강호, 박명자 집사님 감사했어요.

## 가만히 좀 있으라

"제가 성가대석을 제대로 확보하지 못한 책임을 지고 교회를 사임하겠습니다."

첫 번째 교회를 건축한 후 성가대 지휘자 부부가 제 사무실에 찾아와 한 말이었습니다. 교회가 건축되고 성가대석이 자기 마음대로 확보되지 않으니, 나름 불만이 있었던 모양입니다.

"집사님~! 성가대석은 설계하시는 분이 성가대의 말을 참고는 하지만, 알아서 설계하시는 거구요. 성가대 지휘자가 무슨 그런 문제까지 책임감을 느끼신다고 하세요? 지금 집사님이 책임지신다는 말이 무슨 뜻인지 저는 잘 모르겠구요. 우리 교회에 있는 동안 목회자인 저는 집사님과 함께 하지만, 여기서 '안녕히 계세요~' 하고 문을 나서는 순간부터 저는 집사님을 잊습니다."

그 부부는 "안녕히 계세요~!" 하고, 주일 저녁 교회를 나가 버렸습니다. 우리 교회는 졸지에 성가대 지휘자가 없는 교회가 되었구요.

그 주 수요일이었습니다. 비가 오는데 바바리코트 깃을 세우고, 어떤 젊은 남자가 수요예배에 참석했습니다. 저를 보곤 대뜸 "제가 성가대 지휘를 했었습니다. 이 교회를 다녀도 될까요?" 하더군요.

그 사람은 이탈리아 유학 후, 〈맨 오브 라만차〉에 출연했고 앤드류 로이드 웨버의 〈오페라의 유령〉에서 피앙지로 출연했으며, '조승우'라는 연기자에게 노래를 지도하기도 한, 현재 우리 교회 지휘자인 진용국 집사입니다. 먼저 다니던 교회에서 지휘가 힘들어 쉬다가 섬길 교회를 찾아다녔었다고 하더군요.

그 사건 이후 제겐 조금 더 담대함이 생겼습니다. "아~ 이 교회가 주님이 주인 되신 교회구나. 주님의 교회는 주님이 책임지시는구나" 하구요. 출애굽 당시 앞엔 홍해, 뒤엔 바로가 철병거 육백 대와 애굽의 모든 병거를 동원해 쫓아올 때, 이스라엘 백성들이 모세를 원망합니다.

"이스라엘 자손이 심히 두려워하여 여호와께 부르짖고 그들이 또 모세에게 이르되 애굽에 매장지가 없어서 당신이 우리를 이끌어 내어 이 광야에서 죽게 하느냐… 우리가 애굽에서 당신에게 이른 말이 이것이 아니냐 이르기를 우리를 내버려 두라 우리가 애굽 사람을 섬길 것이라 하지 아니하더냐 애굽 사람을 섬기는 것이 광야에서 죽는 것보다 낫겠노라"(출 14:10~12)

모세는 이렇게 답을 합니다.

"모세가 백성에게 이르되 너희는 두려워하지 말고 가만히 서서 여호와께서 오늘 너희를 위하여 행하시는 구원을 보라"(출 14:13)

2020년이 시작되는 1월 올해도 어떤 일을 만날지, 어떠한 상황이 일어날지 우리는 모릅니다. 하지만 분명한 것은 무슨 일을 만나든지, 우리 주님이 우리와 함께하신다는 사실입니다. 그 상황과 문제에 주저앉지 않고, 주님 앞에 나아가 가만히 서서 여호와께서 행하시는 구원을 보는 것입니다.

말도 안 되는 문제, 끝없는 사망의 골짜기, 도저히 풀 수 없는 난제들~ 그런 문제들은 사실 우리가 볼 때 문제이지, 우리가 섬기는 주님이 볼 때는 문젯거리도 안 되는 것들입니다. 좀 가만히 있고, 주님이 어떻게 하시는지 볼 수 있는 은혜가 우리에게 있길 소망해 봅니다.

## 벧세메스 암소처럼

우리 교회에는 과거 무서운 형아들이었던 성도들 세 명이 있습니다. 지금이야 우리 성도들이 "저분이 진짜 저렇게 무서웠던 분이세요? 전혀 아닌 것 같은데요?" 하고 묻는 분들이 있지만, 그건 평상시 그 형아들의 모습이고, 진짜 화가 났을 때 그 옆에서 누군가가 보고 제게 말해 줬는데요. "목사님~ 너무 무서워서 그냥 오줌 쌀 것 같았습니다" 했던 적이 있습니다.

이번에 주님의 부름을 받은 황성진 집사도 그런 분 중 한 명이었습니다.

저를 처음 만났을 때 부천 중동 롯데백화점 옆에서 룸살롱을 하던 사람. 처음 만난 그 자리에서 제가 식사 한번 사겠다 하니~ "아닙니다~ 제가 술 한번 모시겠습니다" 하던 사람. 몇 번 나오다 말겠지 했는데, 12년이 넘는 시간을 교회 곁에, 제 곁에 있어 줬던 사람. 제가 조금이라도 안색이 어둡다 싶으면 "목사님~~ 뭔 일 있으세요?" 하고 넌지시 묻던 사람. 자기 동생들을 향해 "나가 2층에서 목사님 지켜 드릴랑께, 너그들이 1층에서 목사님 지켜 드려라잉~ 나는 너그들이 있어 참 든든하고, 좋다!" 하며 껄껄거리던 사람. 교회 봉사한다고 조경부에 들어가, 그 큰 덩치로 땀을 뻘뻘 흘리며 삽질을 하던 사람. 교회 식당에서 밥을 먹을 때마다 늘 제 곁에서 먹으려고 애쓰던 사람. "목사님~ 옆에 가까이 있는 것이 축복이여~ 너그들 목사님 옆에서 밥 먹는 거 이거 보통 축복이 아니여~", "그래도 제 곁에 장로님들이 같이 식사해야 하는 거예요. 권찰은 저쪽 아니에요?" 해도, "그래요~ 그래도 저는 여기서 먹을 랍니다" 하고 껄껄거리던 사람. 자기 동생들이 권찰을 하도 오래 해서 "형님~ 그런데 권찰이 뭡니까?" 묻자, "교회 경찰, 교회 경찰이 권찰이여~ 너는 그것도 모르냐?" 하고 타박했다던 사람. 그 황성진 집사가 이번에 코로나로 주님의 부름을 받았습니다.

아마~ 내가 하늘에 별이라도 따다 달라고 했으면, 그 집사는 충분히 따러 갈 사람이었습니다.

제가 설교하러 다른 교회 갈 때 모시고 다닌다고 운전면허를 따고 자동차를 사 놓곤, "목사님 앞으로 이 차로 목사님 모시고 다닙니다" 했습니다.

"저 무서워서 못 타요~ 어떻게 운전 실력을 믿어요? 120명 이상 태워보고 그다음에 내가 탈지 생각해 볼게요."

"아~ 저 운전 잘한다니께요. 그리고 경인고속도로 갈 때 무서웠는데 목사님께 전화함서 운전하니께, 하나도 안 무섭든디요~" 하며 껄껄거리던 사람이었습니다.

그냥 황성진 집사가 보고 싶은 날입니다. 조금 후 장례예배 인도하러 가야 하는데요. 눈물이 날 것 같고, 더 그립고, 조금 더 내 곁에 있지 싶은 마음이 듭니다.

그래도 저는 다시 일어나 주님 부르심을 따라 벧세메스 암소처럼 이 길을 걸어내야만 합니다. 이 길이 우리가 믿는 주님이 가신 길이고, 제가 걸어야 할 길이고, 우리가 걸어야 할 그 길이니 말입니다. 그래도 왈칵 눈물이 쏟아질 것 같은 햇빛 찬란한 오후입니다.

# 쉬브 목사와 남희 사모

쉬브 목사와 남희 사모는 미국 장로교에 속해 있는 부부입니다. 쉬브 목사는 인도 사람인데요, 인도의 굉장히 좋은 대학에서 컴퓨터를 전공하고, 미국에 있는 대학원에 가서도 컴퓨터 전공으로 졸업했습니다. 취직도 시애틀에 있는 글로벌기업 아마존(Amazon)에 쉽게 됐구요. 인도 유학생들이 대부분 동경하는 드림을, 높은 연봉과 함께 이룬 거죠? 그렇게 회사를 다니다 주님을 만나게 되었고, 더 높은 연봉과 좋은 회사보다 주님의 부르심에 이끌려 신학을 하게 되었습니다.

남희 사모는 미국에 잠깐 연수 중에 쉬브 목사와 만난 게 인연이 되어 부부의 연을 맺고, 한 250여 명 모이는 미국 장로교회에서 부교역자로 4년 7개월 사역을 했습니다.

쉬브 목사와 남희 사모가 미국에 있기에 우리 장로님들과 미국 지교회를 세우기로 기도하고 이 부부를 만났습니다. 그 즈음 쉬브 목사 부부는 미국에 있는 교회를 사임하고, 동남아 이민자를 위한 교회 개척을 놓고 기도하고 있었구요.

미국 장로교단에서는 개척하는 목회자 부부를 상대로 설문조사도, 면담도 여러 차례 진행해서, "당신 부부는 몇 년을 더 준비하시오", "그냥 부교역자로 있으시오", "개척을 해도 좋습니다" 등 진단을 해 준다는데요. 쉬브 목사 부부는 지금 당장 개척을 해도 좋다는 허락을 받았습니다.

우리 교회가 쉬브 목사 부부와 협력하기로 하고 당회와 의논해 일단 지금 조금의 개척 멤버가 있으니 성도가 70명이 되면 2억을 헌금하기로 결정했습니다. 그 이전에는 매달 백만 원씩 선교헌금을 하기로 의논했구요.

그리고 지난주 남희 사모가 교회 정순애 전도사님께 연락을 했습니다. 아직 개척을 시작한 것도 아니고, 준비단계

이니 선교헌금을 받는다는 게 부담스럽기 때문에 보내시지 말아 달라는 부탁이었다나요. "우리 부부가 준비되면 다시 부탁드리겠다"는 말과 함께요. 선교비 보내 준다는데 아직 보내시지 말아 달라는 말이었습니다.

연말이면 여기저기 선교 도움 요청이 오는데 거절해야 하는 것들이 대부분이어서 힘든 시간을 경험해야 합니다. 우리 교회는 선교비를 보내기로 결정하면, 약속한 대로 상대편에서 "그만해 주세요"라고 말하기 전까지 계속 보내는 게 당연하기 때문에 도와 달라 부탁하는 것들을 다 수용하기 힘듭니다.

"선교비 아직 보내시지 마시라…." 오랜만에 들어보는 말이었습니다. 쉬브 목사와 남희 사모에게 마음으로 "참!~ 잘했어요~~!" 하고 응원했구요.

사실 목회라는 게, 믿음의 길을 걷는다는 게 처음에 '돈'이 보이면 어렵습니다. 그런 게 보여도 때로는 거절해야 하는 게 맞는데요. 이게 말이 쉽지 실제 행동으로 이어지기까지는 쉽진 않거든요. 그런데 쉬브 목사 부부는 너끈히 이겨내는 모습을 갖고있는 것 같아 참! 감사했습니다.

'신실함의 승리!' 쉬브 목사에게 이런 말을 전해 주고 싶은 밤입니다. "감사하다. 고맙다. 잘 선택해 줘서…"라는 말과 함께 말입니다.

# 참! 잘 왔다~

성가대 봉사하던 성도가 남편이 자꾸 주일예배에 늦고, 때로는 빠져서 남편과 같이 신앙생활 하려고 성가대를 내려놓고 주일예배를 남편과 같이 드리기 시작했습니다.

문제는요? 처음 몇 주는 그게 잘됐는데요, 남편이 술 먹고 늦게 일어나 힘들고, 일 있다고 주일 안 지키고, 약속 있다고 밖으로 나가고 해서, 싸움이 잦게 되었습니다. 때로는 홀로 주일을 지키기도 했구요. 성가대로 봉사할 때는 그래도 그 자리가 끈이 되어 나갔는데, 그 끈마저 없어지니 차츰 자신도 주일을 빼먹기 시작했다나요~

그런데 진짜 문제는 그렇게 시간이 흘러 자신도 남편과 비슷한 모습으로 교회와 멀어져 있었던 거였답니다. 어느 주일 베란다에서 성경책 들고 교회에 나가는 사람들을 바라보면서 "나도 저런 적이 있었지~" 하고 울고 있는 자신을 발견하게 되었다는 말을 들은 적이 있습니다.

요즘 15년 가까이 우리 교회에서 방학했던 김향숙 집사가 개학을 했습니다. 그 남편 장동묘 집사가 제 친구이기도 하고, 개척 초기 성도가 몇 없을 땐 굉장히 힘이 되기도, 제 친구이면서도 지금까지 "목사님~" 하고 존칭을 붙였지, 단 한 번도 반말을 한 적이 없는 친구이기도 합니다. 그 아내가 김향숙 집사구요. 이런저런 이유로 교회와 멀어졌다가, 언젠가 다시 가야지 했는데 계기가 돼서 어렵게 용기를 내 다시 신앙 생활을 시작했습니다.

15년이라는 세월이 짧지만은 않은 시간이기도 하구요, 교회엔 대부분 낯선 얼굴들이기도 하구요. 완전 초신자 입장이겠죠? 다시 마음먹고 교회 생활을 시작했지만, 막막한 시간들, 시흥 사는데도 불구하고 처음 나온 금요기도모임 기도시간~, "내가 얼마나 오랫동안 널 기다렸는지 아니~~?

네가 많은 말을 안 해도 다 안단다." 조용히 들려오는 주님의 음성에 눈물샘이 홍수처럼 터져 버렸습니다. 그냥 감사하고, 방황하고 내 마음대로 살았던 시절이 마냥 죄송했다구요.

그 이후 김향숙 집사는 자기가 체험한 일들을 교회 다니다 안 다니는 친구나, 동생을 만나면 쑥스럽지만 이야기하기 시작했다네요. "예수님이 많이 기다리고 계시더라구. 너도 한 번만 교회에 나가면 알게 될 거야."

"목사님~ 사실 아직 낯선 일들도 있구요. 사소한 일이나 남들이 아무 생각 없이 '툭' 하고 던지는 말에 마음 상할 때도 있어요~ 그런데 그 이후 '은혜로 넘어가는 법'을 배우고 있는 중이랍니다. 아직 세상이 제게 많이 있는 것 같구요. 쑥~! 하고 열심히 신앙생활 내긴 어색하고 어렵긴 하지만 그래도 잘하고, 잘해 볼게요."

수화기 너머의 목소리는 진심이 담겨 있고, 주님의 은혜를 체험한 목소리였습니다.

"내가 얼마나 오랫동안 널 기다렸는지 아니?"

이 말은 김향숙 집사님만 듣는 음성은 아니구요, 우리 모두가 듣는 음성 아닐까요?

# 목사는 젊은 여자만 좋아해

몇 주 전 '행복한 식당'을 배식 전에 잠깐 들렀습니다. 동네 어른들에게 자존심 비용 1000원을 받고 운영하는 식당은 늘 시작 전부터 북적북적하거든요.

도착하자마자 제 눈에 크게 들어온 이모가 보였습니다. 거의 매일 오시는 분인데, 아프시다 하면서 며칠 보이지 않더니 그날 나무 밑에 보이는 겁니다. 힘없이 보이지만, 슬며시 웃으시는 모습도 보였구요. 늘 조용한 모습을 가지신 분이라, 제 눈에 더 크게 띄었는지도 모르겠습니다.

늘 식당 앞에서 시작 전에 이야기를 나누고, 식사 후에도 커피를 드시며 이야기를 나누는 분들. 일주일에 4번을 만나게 되는 분들이 대부분인데, 이 분 중 하나님의 부름을 갑자기 받게 되면, 그 마음도 힘들겠다는 생각을 언젠가 한 적이 있거든요.

차에서 내리자마자 그 이모를 향해 발걸음을 옮겼습니다.
"오랜만에 오셨죠? 몸은 괜찮으세요?"
"네~ 괜찮아졌어요~"
"그래요~ 다행이네요. 이모가 요 며칠 보이지 않아 걱정됐었거든요~"
"네~ 걱정 끼쳐 죄송해요."
"이제 괜찮아졌으니 자주 나올게요."
"그러셔야죠~ 아프지 마세요" 하고 발걸음을 식당을 향하고 있는데, 매일 처음으로 출근하는 올해 91세 할머님이 제 어깨를 툭 하고 치셨습니다.
"목사는 젊은 여자만 좋아해~"
"네?"
"아니, 내가 처음으로 와서 목사님을 기다렸는디, 왜 나는 아는 척도 안 하고 젊은 여자한테만 가서 아는 척을 한다냐? 참으로 서운하네~"

"아이고, 그러셨어요. 죄송해요~ 제가 이모님을 왜 아는 척을 안 하겠어요? 제가 미처 알아보지 못했어요."

"아니~ 내 앞으로 지나가는데 내가 안 보여? '스윽' 하고 지나가서 젊은 여자만 아는 척하고?"

"에고, 죄송합니다."

행복한 식당은요~ 이런 일들이 비일비재합니다. 그곳에 사람 사는 냄새가 나구요. 기다림이 있고 슬며시 미소 지을 수 있는 일들이 매일 있답니다. 혹 삶이 지루하시면 행복한 식당으로 와 보세요. 재밌는 일들, 맛있는 음식이 있는…….

## 야매~ 박영식 집사님

행복한 식당에서 식사하시고 나온 할머니 할아버지들이 다시 밖에 있는 의자에 앉아 커피를 들고 계시는 겁니다. 가만 보니 식사 끝나고 나오셔서 커피 한잔하시고, 이런저런 이야기들을 나누시다 돌아가시는 게 일상이 된 듯 보였습니다.

"이 커피가 우리 집에도 있는디~ 여서 먹는 게 참으로 맛나야~"

"아니~ 커피도 드세요?"

"그럼~ 커피를 안 묵고 가면 섭하제~"

"저녁에 잠은 잘 주무시구요?"

"암시랑토 안혀~ 차라리 안 묵고 가면 잠을 더 못 자제~"
"그렇게 맛있어? 그럼~ 나도 한잔 줘 봐~"
"그러세요~ 제가 갖다 드릴게요."

행복한 식당에서 매주 수요일 봉사하는 박영식 집사님이 열심히 커피를 타고 계셨습니다. 계속 식사하고 나오시는 분들에게 커피를 대접하려니 정신없어 보였구요. 그 짧은 시간 거의 50잔 이상 커피를 타는 듯 보였습니다.

"커피 한 잔 주세요~ 할머니가 커피 달라시네요" 해서 받아 든 커피엔 아직도 커피가 다 풀리지 않고 검은 알갱이들이 군데군데 그대로 있었습니다.

그 순간 제 앞에 바리스타 자격증을 갖고 계신 김복현 장로님이 길에서 할머님들과 이야기 나누고 계신 것이 보였구요. 제가 할머님에게 갖다 드리려다 그 알갱이를 보고 다시 타다 드린다 했습니다.

"아~ 이거 검은 알갱이가 다 풀려야죠~~"
"박영식 집사님은 자격증 없는 야매시죠?" 했더니 껄껄 웃으시며 다시 타 주셨습니다.

사실 우리 교회 대부분 성도들은 박영식 집사님이 어떤 분인지 모를 겁니다. 늘 조용하게 주일예배만, 그것도 대부분 2층에서 드리고, 봉사를 해도 뒤에서 하시는 분이시기도 하구요. 차라리 설명하기에는 "정춘자 권사님 남편이세요~" 하는 편이 더 빠를 듯합니다.

행복한 식당에서 봉사하시는 것도요, 아내 되는 정춘자 권사님이 수요일 봉사하니 머뭇거리며 시작하신 지 2개월쯤 됩니다. 지금은 정말~! 행복하게 봉사하고 계시는 중입니다.

"목사님! 이거 행복한 식당은요 100% 잘하신 겁니다. 할아버지 할머니들이 열이면 열 다 감사하다 고맙다 하시며 가시는 모습에 자부심도 생기고, 저분들에게 더 고맙게 대접해야 한다는 마음도 들구요. 저도 덩달아 행복해진다니까요."

매주 수요일, 행복한 식당에는요, 야매! 박영식 집사님이 행복하게 커피를 타고 계실 겁니다.

# 저 원래 이런 사람 아니었습니다

"목사님~ 사실 저 원래 이런 사람이 못 됩니다. 그리고 요즘 저도 제가 왜 이러고 있는지 모르겠어요. 근데 그냥 교회에 나와 있으면 마음이 편해집니다."

롯데슈퍼 시흥점장으로 있는 박효상 성도가 며칠 전 제게 한 말입니다. 권사님 아들이지만 교회에 나가지도 않았고, 어머니가 교회에 같이 나가자고 권면하면 "그런 말 하지 마세요. 저 불교 다닐 거라구요" 한 적도 있었다나요.

"목사님~ 저는 지금까지 원가계산을 해서 얼마의 이익이 있는가, 이것만 하던 사람이라 손해나는 건 잘 못하거든요. 그런데 이상하게 어느 날부터 교회 유리창 지저분한 게 제 눈에 보이기 시작해서요. 혼자 나와 교회 유리창을 닦으려니 용기도 안 나고, 아내 최현숙 집사에게 같이 나가자 해서 교회 전체 유리창을 부부가 닦는 중입니다."

옆에 있던 아내 최현숙 집사가 얼마 전 시어머니에게 남편이 교회에서 유리창 닦고, 봉사하고 있다고 말씀을 드렸더니 어머니가 깜짝 놀라시면서 "그 새끼가~" 하셨다고 깔깔 웃으며 놀리기도 했습니다.

"저 교회 다닌다고 얼마나 핍박했겠어요? 혹 주일날 교회에 같이 왔다가 주차할 공간이 없다고 화내면서 그냥 돌아가기도 했구요. 제가 주일만 지키면 괜찮았는데 성가대도 하고, 조경부 일도 해서 교회에 조금 더 자주 나오게 되니까 '니네 목사가, 니네 목사가~' 하던 사람이었는데요, 지금은 너무 고마운 남편이 되었네요."

지금은 예배 시간에 부부가 자주 보이는데요. 박효상 성도는 처음 참석한 금요기도 모임에 성도들이 기도하는데 얼마나 뜨겁게 하는지 놀랍기도 하고, 무섭기도 했었다나요? 통성기도를 처음 본 생경한 모습에 놀랐다는데, 이제 자기도 기도를 잘하지는 못하지만, 기도시간에 주님을 부르며 기도하고 있답니다.

"남편의 영혼이 어느 날부터 불쌍해 보여 새벽에 금요기도모임에 남편을 위해 기도하면 이상하게 그렇게 눈물이 나더라구요."

아내 최현숙 집사의 고백이었습니다. 다른 교회의 권사님으로 아들을 위해 기도하신 '어머님의 기도와 아내의 기도가 여기 박효상 성도를 이렇게까지 만들었구나' 하는 마음이 드는 순간이기도 했구요.

지난 주일 오후에 사람이 없는데도 부부는 시간이 난다고 저녁 7시까지 교회 유리창을 닦고 있었습니다.

목회는요~ 이렇게 사람 변화되는 맛에 한다니까요. 지금은 서툰 걸음이고 그냥 교회 봉사하는 게 좋아서 하지만 시간이 지나며 믿음과 덕과 지식에 견고한 뿌리를 내리는 성도가 되게 해 달라고 부부를 위해서 기도하고 싶어지는 순간입니다.

# 3

## 당신의 믿음의 현주소는 어디인가요

# 코로나 은혜 - 고통?

"목사님, 잘 지내시죠? ○○○ 집사예요. 오늘도 유튜브로 예배드렸네요. 예배 가운데 성만뉴스를 보면서 그 시간들이 넘 소중하고 그립습니다. 저희 집 삼총사들도 너무 교회 가고파 이케 예배드렸습니다. 목사님~ 건강하시고 ~ 빨리 만날 그날이 되길 기도합니다."

"목사님, 사모님~! 안녕하세요. 건강하게 잘 지내시죠? 두 분 뵌 지도 오래된 것 같아요. 아침에 5분 설교 듣다가 한참 울었습니다. 저도 그때 봉사자로 함께했었는데, 모든 것이 너무 그립습니다. 어려운 시국이 왔지만, 이 또한 지나가리라 믿고 잘 견디고 있습니다. 우리 성만 패밀리들이 보고 싶네요. 목사님이 우리에게 주셨던 그 사랑이 그리워요~ 봄은 어김없이 우리 곁으로 왔는데, 우리도 언젠가는 다시 만나겠지요. 이 시간을 통해 더욱 견고한 믿음으로 또한 성장되어 갈 거예요. 목사님 사모님~! 만나 뵐 때까지 건강하세요. 두 분 보고 싶습니다. ○○○ 권사 올림"

'이번 주면 예배드릴 수 있겠지?' 했었는데, 여러 가지 좋지 않은 소식들이 들려옵니다. 아이들 개학도 4월 6로 연기됐다고 하구요. 우리 교회 예배 시작일도 일단 상황이 돌아가는 걸 봐야 시작될 것 같습니다.

평범한 일상의 삶이 얼마나 소중한지를 다시 한번 생각해 보는 시간인 것 같구요. 마음만 먹으면 교회 오고, 마음만 먹으면 교회에서 같이 식사하고, 마음만 먹으면 어디 같이 가서 놀 수 있고, 마음만 먹으면 얼마든지 크게 소리 내어 찬양하고, 기도하는 일상의 삶이 얼마나 은혜였고 감사였는지요.

언젠가 교도소에 면회 갔더니, 일상의 삶이 단절된 성도가 가족끼리 같이 모여 앉아 식사할 수 있는 게 얼마나 큰 은혜였는지 모른다는 고백을 한 적이 있었습니다.

암에 걸려 고통받는 성도와 대화 중 "목사님! 제 소원이 뭔지 아세요?" 합니다. "뭔데요?"라고 했더니 "설렁탕과 같이 나오는 커다란 무김치를 젓가락에 푹 찍어 한 입 베어 무는 겁니다"라고 했던 적이 있습니다.

일상의 평범한 삶이 얼마나 커다란 은혜고 축복이었는지를 다시 한번 생각하는 이 시간을 코로나 은혜라고 해야 하나요? 그럼에도 불구하고 우리가 믿는 건, '주님은 언제나 어떤 상황에서나 우리에게 베스트다!'라고 생각하는 겁니다.

'방학이 길어지자 엄마들이 괴수로 변했다. 그중에서 우리 엄마가 가장 사납다. 그래서 나는 무섭고 두렵다. 그래서 나는 아주 고통스러운 삶을 살고 있다….'

어느 초등학생이 일기장에 쓴 글이라는데요, 우리 모두가 힘겨운 시간을 보내고 있지만, 주님 때문에 감사함으로 이겨 내길 기도하고 있습니다.

## 우리 성도들도 이런 마음이겠지

코로나 이전에 전도부장으로 계신 이효생 권사님과 아파트 전도를 나간 적이 있습니다. '띵동~ 띵동~' 아파트 초인종을 누르며 전도하셨구요. 얼떨결에 전도를 따라간 저는 매번 불편한 마음, '띵동' 할 때마다 안에 사람이 없었으면 좋겠다는 마음 가득했었습니다. 그런데도 너무나 용감하게 전도를 하는 이효생 권사님이 부럽기도 했구요.

요즘 코로나 시대에 '무슨 전도?' 하는 분들이 계시더라구요. 마음은 알겠는데요. 그런 말씀 하시는 분들이 '코로나가 아니었다면 전도했을까?' 하는 마음도 들기도 합니다.

이런 시기에 우리 교회는 전도하고 있고, 매주 꽤 많은 새 신자들이 등록하고 지금도 전도하는 분들이 많습니다.

저도 공들여 전도하는 두 가정이 있습니다. 나름 이러저러한 방법으로 관계를 맺고 분위기도 좋았는데요. 얼마 전 "우리 교회 한번 오세요~" 하고 말씀드렸습니다. 꽤 많은 시간을 들여 좋은 관계를 맺었고, 이제는 무르익었다 생각해 드린 말씀이었는데요. 그 순간 그분들의 눈빛을 지금도 잊을 수가 없습니다.

'도대체 목사님이 무슨 말씀을 하시는 거지? 도대체 이 목사님이 제정신인가? 지금 이런 시기에 교회에 오라고? 정상적인 교회 맞아?'

짧은 순간 여러 생각들이 제 머릿속을 휘젓게 만들었습니다. 늘 좋은 마음으로 저를 바라봐 주는 성도들을 대하다가, 정말 오랜만에 그런 눈빛을 상대하니 저도 당황되기도 했구요. 이러저러한 말로 얼버무리고 "기회 되면 한번 오세요~" 하고 돌아서는 마음이 무척 무거웠습니다. 혼자 차 안에서 끌탕하고 자책도 했구요. 좀 더 지혜롭게 좋은 기회에 말씀드렸어야 했는데 하는 아쉬움도 많이 남았구요.

그 순간 "우리 성도들도 전도하다가 거절당하면 이런 마음이겠지?" 하는 생각이 들기도 했습니다. 저 자신 스스로에게 "복음을 전하다 거절당하는 것, 이 목사, 너 잘한 거야~" 하는 마음이 들기도 했습니다.

전도도 못 하고 벙어리로 있는 것보다, 전도하다가 거절당하는 게 백번 낫다는 마음도 들구요. 뭔가 이상한 짓 하다가 받는 모멸감의 눈빛이 아니라, 전도하다가 거절당하는 그런 눈빛은 얼마든지 감당해야 하고, 또 감사한 것 아닌가 하는 마음이 들기도 했구요.

이런저런 핑계와 변명으로 주님의 복음을 전하지 못하는 우리가 아니라 거절당하더라도 기꺼이 주님을 자랑하고, 교회를 자랑하는 우리 공동체가 되었으면 하는 마음 가득하고, 거절당해 돌아오는 마음이 그렇게 크게 불편하게 느껴지지 않는 날이기도 했답니다.

# 내가 있어야 할 자리

사람이든 사물이든 있어야 할 자리에 있을 때가 가장 빛이 납니다. 피아노, 꽃꽂이, 어머니가 요리하는 뒷모습, 아버지가 가정을 위해 일하는 자리, 목사님이 설교를 위해 서재에서 조용히 책 읽는 모습, 있어야 할 자리에 있는 모습들은 참 아름답지 않습니까?

매주 주일 아침이면 항상 가는 식당이 있습니다. 식당에 가기 전에 예약 전화를 하면 돌솥밥으로 맛나게 한상 차려 줍니다. 그 식당에 드나들며 함께 식사하시는 손님들이 조금 이상하다 싶었는데, 손님들이 한 명도 없고, 저 혼자 식사하고 있을 때 일하시는 분이 그러시더라구요.

"매 주일 함께 밥 먹는 주위 사람들, 조금 이상하다 생각하지 않으셨나요?"

그래서 제가 "그러게요, 조금씩 들리는 대화들이 낯설긴 하던데요"라고 말했습니다. 그러니까 다시 일하시는 분께서 "그분들은 주로 이 근처 술집에서 일하시는 분들, 밤새도록 술 먹고 새벽 해장하러 온 사람들이 대부분이에요. 그리고 밤새도록 노름한 노름꾼들도 많아요" 하시더라구요. "우리 식당에 손님 같은 점잖은 분도 와 주셔서 감사드려요~"라는 말도 덧붙였구요.

주일 아침, 식당 옆 테이블에서 식사하는 분들이 나누는 대화가 좀 이상하다 싶긴 했습니다. 돈을 얼마나 잃었는지, 어제 그 진상 때문에 죽을 뻔했다는 등, 대부분 이런 대화들이었거든요. 어떤 분들은 밤새도록 노름하다 돈 잃고 몸 버리고 아주 초라한 모습으로 식당을 찾아와 친구 몇이 나누는 대화의 주 내용은 어젯밤에 했던 노름에 대한 것이겠죠? 이분들은 당신이 있어야 할 자리에 있지 못한 모습이구요. 그 모습은 굉장히 초라하고 불편하게 만들 뿐이었습니다.

피아노가 길거리 한복판에 있다고 생각해 보세요. 지금 한참 피고 있는 진달래꽃이 도로에 있다고 생각해 보세요. 그 자리는 자기들이 있어야 할 자리가 아니기 때문에 거추장스럽고, 불편하고 남에게 해만 줄 뿐일 겁니다. 내가 있어야 할 자리에 있고, 있어야 할 자리에서 내가 해야 할 일을 꼭 할 수 있는 사람. 그 사람은 참 지혜로운 사람입니다.

이제 우리는 직분자들을 선출했구요. 임직식을 준비하고 있습니다. 새롭게 선출된 장로님들, 권사님들, 안수집사님들이 각자 자기가 있어야 할 자리에서, 각자 해야 할 일들을 겸손과 당당함으로 감당하실 수 있도록 기도해 주십시오.

자존감(自尊感), 스스로 품위를 지키고 자기를 존중하는 마음이라는데요. 다른 사람들과 비교하지 않고, 자기의 믿음만큼 형편만큼 하나님과 사람을 섬기는 자리에 멋지게 서서, 자신이 해야 할 몫의 일들을 감당하는 사람에게 주는 하나님의 선물이기도 합니다. 또 하나님께 사랑받고, 성도들에게 존중받는 사람의 내적인 심정에서 우러나오는 아름다운 성품이기도 하죠.

직분! 그 아름다운 이름에 걸맞는, 아름다운 하나님의 사람들이 되길 기도해 봅니다.

# 의지할 것 많은 세상

아침식사 후에 예수께서 시몬 베드로에게 말씀하셨습니다.

"요한의 아들 시몬아, 네가 이 사람들보다 나를 더 사랑하느냐?" "예 주님, 제가 주님을 사랑하는 줄을 주님이 아십니다."

예수께서 세 번째로 물으셨습니다. "요한의 아들 시몬아, 네가 나를 사랑하느냐?" 세 번째 물으시니. 베드로는 근심이 되어 말합니다. "주님, 주님은 모르시는 것이 없습니다. 제가 주님을 사랑하는 줄을 주님께서 틀림없이 아십니다."(요 21:15~19)

"네가 나를 사랑하느냐?"는 주님의 질문엔 여러 가지 해석이 있을 수 있지만, 그중 하나가 "요한의 아들 시몬아! 네가 이 땅에서 사랑해야 될 대상들이 여러 가지가 있을 수 있고, 의지해야 될 대상들이 여러 가지가 있을 수 있는데, 그것들 모두보다 나를 더 사랑하고 의지할 수 있니?"라는 뜻에서 물으신 것입니다.

목회를 하다 보면 여러 상황들을 만나게 되고, 여러 사람들을 만나게 됩니다. '목회자'라는 타이틀은 갖고 있지만, 모든 상황 중에 '믿음'으로 무엇을 결정한다는 게 그리 쉬운 일은 결코 아닙니다.

첫 번째 교회건축 후 현금 4억 원 정도가 잔고로 남았습니다. 대지 316평에 650평 건물이었는데, 성도들이 헌금하고, 대출도 받고 해서 건축을 다 끝낸 후, 통장에 남은 돈이었습니다. 3,000만 원으로 아내와 둘이 개척했고, 여러 고비들을 넘기면서 개척 10여 년 만에 건축한 개척교회 목사가 언제 통장에 4억을 넣고 목회를 해 봤겠습니까?

마음이 얼마나 든든하던지요. 매주 새신자가 등록하지, 건물은 다 지어졌지, 통장에 현찰 4억이 있으니 그깟 이자야 뭐 매주 들어오는 헌금까지 보태면 아무 부담이 없었습니다. 하루하루가 '룰루랄라'였습니다. 아무 걱정도 염려도 없었습니다. 기도도 필요 없었습니다.

그러던 어느 날 새벽기도 때였습니다. 주님께서 제게 요한에게 물었던 이 질문을 세미하게 질문하고 계셨습니다.

"이 목사야! 정말 네가 사랑하고 의지하는 게 뭐니?"

큰 소리로 들리는 음성은 아니었지만 그건 분명 주님이 제게 하신 질문이었습니다. 그날 새벽, 얼마나 울었는지요.

"주님! 죄송합니다. 제가 그릇이 작아서 이 4억이 주님의 자리에 앉아 있네요."

며칠 후 제직들과 모인 자리에서 "제가 그릇이 작아 4억이 의지 되지, 주님이 의지 되는 게 아니네요. 이 4억을 치웁시다" 해서 그 4억으로 다른 땅을 샀습니다. 그리고 그 땅이 지금 교회를 건축하는 데 후에 도움이 되었던 경험이 있습니다. 4억이 통장에서 사라지고, 이제 한 주 한 주를 버텨야 하는 상황이 되니, 주님의 도움을 구하는 자리에 서게 되었습니다.

살다 보면 인생이란 게 어쩔 수 없이 아무에게도 말 못

할 어려움의 자리, 고난의 자리에 들어가게 되는 것 같습니다. 그 자리에서 진심으로 주님 앞에 나갈 수만 있다면 "그 어려움의 자리는 반드시 간증의 자리"가 되는 게, 우리가 가는 이 길 아닐는지요.

# 약게? 단순하게?

요즘은 5살부터 삶의 전쟁터에 나가게 됩니다. 무슨 말이냐구요? 영어 유치원이 5살부터 시작되는데, 어느 유치원에 들어가느냐부터 앞으로의 삶이 결정되기 시작한다는군요. 비용이요? 한 달에 75만 원에서 100만 원쯤 된답니다.

"그는 허물과 죄로 죽었던 너희를 살리셨도다 그때에 너희는 그 가운데서 행하여 이 세상 풍조를 따르고 공중의 권세 잡은 자를 따랐으니 곧 지금 불순종의 아들들 가운데서 역사하는 영이라" (에베소서 2:1~2)

이 세상 풍속을 따른다는 말은 이 세상이 가는 길을 간다는 말입니다. 이게 사실 쉬워 보여도 그리 만만치 않습니다. 여름에 홍수가 나면 그 홍수에 별별 것이 다 떠내려가듯, 이 세상 풍속이라는 것은 그 거대한 흐름에 떠내려가는 겁니다.

태어나서 5살부터 영어 유치원 전쟁에 뛰어듭니다. 초등학교에서는 성적 전쟁, 중고등학교에서는 대학을 위한 전쟁, 대학에 들어가면 스펙 쌓기 전쟁, 대학 졸업 후 취직 전쟁, 취직 후 결혼을 위한 전쟁, 결혼 후 대부분 자녀들의 양육 전쟁, 또 주택마련 전쟁, 그러다가 어느덧 내 아이가 결혼할 시기가 대부분 다가옵니다.

결혼시키면 끝인가요? 요즘은 손자 손녀들 봐줘야 하고, 은퇴 후 대부분 80세 넘어 살게 되는데 노후를 준비하는 전쟁에 들어갑니다. 이렇듯 '이 세상 풍속'이라는 거대한 삶의 전쟁터에서 어려서부터 늙기까지, 우리네 인생은 무엇을 먹을까 마실까에 대한 전쟁에 몰입하게 됩니다.

시리아 난민들을 돌보는 문추수 선교사 아이들이 방학을 맞아 한국에 잠깐 들어왔다가 돌아갔습니다. 연세대학교

정형외과 정교수였던 남편, 고등학교 교사였던 아내가 자기들의 자리를 다 버리고 시리아 난민을 섬기겠다고 초등학교 딸아이와 아들 둘을 데리고 요르단으로 떠났습니다.

한국에 있으면 유명 대학병원의 정교수에 고등학교 교사 부부면, 남부럽지 않게 살 수 있고, 5살 때부터 시작된 삶의 전쟁터에서 나름 성공한 사람들일 수 있었습니다. 그런데 이 부부는 이 세상의 길이 아닌 다른 길을 선택한, 이 세상에서 보면 낯선 삶을 사는 부부입니다.

교회에 다니면서도 어쩌면 한 발은 교회에, 한 발은 세상에 딛고 있는지 모르겠습니다. 주님이 나를 부르신 뜻이 무엇인가? 돈보다 더 중요한 주님이 맡겨 주신 '사명'을 생각하기보다 믿지 않으면 지옥에 가니까 적당히 믿고, 이 세상 풍조를 따르는 삶을 사는 건 아닌지 모르겠습니다.

인생을 잘 산다는 건 뭘까요? 잘 사는 인생은 돈을 많이 버는 거라고 하는 이 땅에서, 나를 창조하시고 구원해 주신 주님의 부르심을 따라 사는 것이 가장 귀한 삶입니다. 문추수 선교사 부부는 우리에게 삶으로 이것을 이야기해 주고 있는 것 아닐까요? 이런 걸 보면서 혹 "그 사람들은 특별한 사람들이라 그렇게 사는 것이고, 우리 같이 보통 평범한 교회 다니는 사람은 그렇게 못 살아요" 하고 생각하시는 건 아니겠지요.

　우리 마음 한구석에 "주님의 뜻대로 살고 싶습니다. 부르심을 좇아 살고 싶습니다. 이 세상에서 흘러 떠내려가는 삶이 되지 않게 해 주소서"라는 마음의 끈을 포기하지 않는 저와 우리들이 되었으면 좋겠습니다.

# 검소와 인색

몇 해 전 LA에 있는 '주님의 영광교회'에서 사흘간 집회 인도를 한 적이 있습니다. 1984년 LA올림픽 당시 복싱경기장으로 사용했던 체육관을 사서 교회로 사용하고 있었습니다. 권투영화로 유명한 〈록키〉 촬영지이기도 한 교회입니다.

당시 교회에는 4천여 명의 성도들이 출석하고 있었습니다. 강단으로 올라가기 위해서는 체육관 아래 통로를 거쳐 올라가는 구조였습니다. 신승훈 담임목사님이 그 길로 저를 인도해 가면서 "이 목사님, 지금 청코너를 통해 강단으로 올라가고 있습니다"라고 하셔서 웃었던 기억이 있습니다.

신 목사님과 몇 번 식사를 하면서 배운 것들이 있습니다. 하루는 생선조림을 먹던 중, 무 조각 하나와 생선 한 토막이 남았는데 그걸 싸 달라고 부탁하셨습니다. 그리곤 조금 민망하셨는지, 저를 보고 '씩' 웃으시면서 "이 목사님, 이렇게 가져가면 한 끼가 편하더라구요" 하셨습니다.

그다음에 식사하면서 느낀 건데 신 목사님은 음식도 전략적으로 드시고 계셨습니다. 포장이 안 되는 음식을 먼저 먹고, 싸갈 수 있는 음식은 나중에 먹는 그런 모습을 발견할 수 있었거든요. 4천여 명이 넘는 대형교회 담임목사가 식사 후 생선 먹던 것, 무 쪼가리를 아무 부담 없이 포장해 달라고 하셨습니다.

그런데 그 교회는 전 세계에 선교헌금을 보내고 있었고, 당시 케냐에 초등학교부터 고등학교까지 건축하고 한 달에 5천만 원이 넘는 선교비를 보내고 있었습니다. '이런 것이 검소구나' 하는 걸 신승훈 목사님을 통해 배울 수 있었습니다. 그 이후 저도 식사 후에 될 수 있으면 쌀 수 있는 건 싸 달라고 부탁합니다. '주님의 영광교회' 신승훈 목사님에게 배운 대로 말입니다.

검소와 인색은 다른 겁니다. 검소는 주님의 영광을 위해 아끼면서, 때로는 물질을 쓸 수 있는 곳에 낙엽을 태우는 것처럼 사용하는 것입니다. 하지만 인색은 재물을 아끼면서 어떤 일에만 초점을 둔 나머지 지나치게 야박한 것이죠. 인색이 검소로 포장된 세상에서, 신승훈 목사님은 멋지게 하나님의 사람으로서 검소하게 사는 삶이 어떤 모습인지를 보여 주고 계셨습니다.

주님을 섬기고, 주님의 일을 하면서 우리가 생각해야 할 첫 번째는 '물질'이 아니라 '하나님의 뜻'임을 우리는 분명히 알고 있습니다. 그러면서도 때론 우리 주머니를 먼저 생각하는 게 익숙해 검소하게 살기보다 인색하게 살기가 더 쉽습니다.

매스컴에서 '종자돈 1억 만들기', 'IMF 때보다 더 어려운 시대', ' 중국과 미국의 무역전쟁으로 한국경제 위기' 같은 말을 떠들어댈 때면 우리들의 마음이 위축됩니다. 그러나 마음을 움츠려들게 하는 세상에서 인색함이 아니라 검소함으로 믿음의 길을 걷는 우리들이 되었으면 좋겠습니다. 나 자신에게는 인색하게, 하나님의 영광을 위해선 풍성하게,

나 자신에게는 검소하게, 주님의 영광을 위해선 때론 거룩한 낭비도 할 수 있는 그런 삶 말입니다.

# 누가 먼저 어려움을 감당할까?

캄보디아 '소금과빛국제학교'에 우리 교회 남자들만 10명이 다녀왔습니다. 다섯 가정의 선교사님 총 18명이 학교에서 학생들을 섬기고 계셨는데요. 선교사님들은 7천평 학교 안에서 학생들과 먹고 자면서 공동체 생활을 하고 있었습니다. 새벽 5시 30분 새벽예배를 시작으로 거의 밤 10시까지 함께 지내구요.

학생들은 시골 목회자 자녀가 80%이고, 그 목회자의 추천을 받은 성도 가정의 아이들까지 55명이 함께 지내고 있었습니다. 졸업생들 가운데 20명은 현재 우리나라 한양대, 전남대, 강원대 등등에 유학을 하고 있다더군요.

거기 학생들은 선교사님들을 "쌤"이라고 부른다는데요. 처음 학교에 온 아이들은 "쌤! 왜 하루에 세 번 밥을 먹어야 하나요?"라고 질문을 많이 한답니다.

불교 국가에서 시골 목회자는 빈민 중의 빈민이고, 대부분 마을에서 왕따를 당해 목회자 가정의 생활은 보통 비참한 게 아닙니다. 하루에 두 끼를 먹으며 겨우 연명할 정도로 생활해온 아이들이 학교에서 세 끼를 먹으니 당연히 그런 의아심이 들기도 했겠다 싶더군요.

선교사님이 뜬금없이 "우리 학교에도 계보가 있습니다" 하시며, 똥통이나 정화조 청소와 같이 어렵고 힘든 일을 해야만 할 때 제일 먼저 나서는 친구들은 '라니', '시나', '니른', '다라', '로이'라며 이름을 대시더군요.

누가 시켜서가 아니었습니다. 누구든 힘든 일을 하기 어려운 거 아니겠습니까. 아이들은 "쌤 걱정마세요!" 하며 먼저 똥통이 막혔을 때 뛰어들어가 맨손으로 해결하기도, 사흘에 한 번씩 왕복 3시간 거리를 '뚝뚝이'를 타고 식수를 20여 통씩이나 사오기도 합니다.

우리 일행이 있을 땐 도둑이 들었는지 밤 12시 넘어 개들이 짖었습니다. 선교사님이 나가보니, '로이'라는 친구가 맨

발로 몽둥이를 들고 후레시를 비추며 보초를 서고 있었다더군요.

사사기에 "여호수아가 죽은 후에 이스라엘 자손이 여호와께 여쭈어 이르되 우리 가운데 누가 먼저 올라가서 가나안 족속과 싸우리이까 여호와께서 이르시되 유다가 올라갈지니라"(삿 1:1~2) 하고 기록되어 있습니다. 예수 그리스도는 먼저 헌신하고 희생한 유다 가문을 통해 이 땅에 오십니다.

어려움의 계보에 든 학생들은 공부가 그렇게 탁월치 못해도 학교에서 귀여움받고, 유학을 오면 여기 대한민국에서도 모두 사랑을 받더라나요.

요즘같이 약아빠진 세대 가운데 아무 계산 없이 어려움을 먼저 감당하려는 모습은 쉽게 볼 수 없습니다. 이런 시대에 '어려움을 먼저 감당하는 것이 주님이 내게 주신 사명이지~' 하는 마음을 갖고 교회를 섬기는 우리들이 되었으면 좋겠습니다.

## 선한 사마리아인 되기

"사회과학 역사에서 가장 고약한 실험 중 하나는 1970년 12월에 프린스턴신학교 학생들을 상대로 한 것이었다. 장로교 목사가 되기 위한 수련을 받는 신학생들에게 각각 멀리 떨어진 강의실에 급히 가서 선한 사마리아인에 대한 설교를 하도록 했다.

예수님이 말씀하신 선한 사마리아인 우화의 내용은 한 유대인이 예루살렘에서 여리고로 내려가다가 강도를 만나 죽도록 얻어맞고는 길가에 내버려졌다. 한참 후에 유대인인 제사장과 레위 사람은 강도 만난 사람 옆을 지나갔지만 외면했다. 반면 평소 유대인들이 아주 멸시했던 사마리아인은 가던 걸음을 멈추고 그의 목숨을 구했다. 이 우화의 교훈은 사람의 가치는 종교적 신분이 아니라 실제 행실에 의해 판단되어야 한다는 것이다. 열성적인 젊은 신학생들은 저마다 서둘러 강의실로 향했다. 가는 길에 어떻게 하면 선한 사마리아인의 교훈을 잘 설명할지 생각했다.

그런데 신학생들이 가는 길목에 눈을 감은 채 고꾸라져 있는 사람이 있었다. 그 사람은 실험을 위해 동원된 자였다. 아무것도 모르는 신학생들은 가련하게 기침을 하고 신음소리를 내는데도 하나같이 그 사람을 서둘러 지나쳤다. 대부분은 돕기는커녕 가던 길을 멈추고 무슨 문제가 있는지 물어보지도 않았다. 강의실에 서둘러 가야 한다는 감정적 압박 때문에 곤경에 처한 이방인을 도와야 한다는 도덕적 책무를 저버린 것이다."

(유발 하라리, 《21세기를 위한 제언》 중)

폴란드계 유대인이면서 동성애자인 유발 하라리의 책에 나오는 장면입니다. 진짜 성경적인 세계관을 확고하게 갖고 있지 않으면 이 책을 보면서 '설득될 수밖에 없겠구나' 하는 마음이 들 정도로 유발 하라리의 시각은 놀랄 만큼 명

료합니다. 역시 '천재 사상가로구나' 하는 마음이 들기도 합니다.

그는 선한 사마리아인의 비유를 프린스턴신학교에서 했던 실험을 예로 들며, 얼마나 많은 기독교인들이 이상은 훌륭하나 실제로 상대를 관대히 용서하고, 이기적인 집착을 초월해서 행동하며, 일상에서 이웃을 내 몸처럼 사랑하는가 묻습니다. 그는 인간이 감정을 사용해 재빨리 결정을 내리고, 분노와 두려움 탐욕을 조상들로부터 물려받았다고 합니다. 또 인간 모두는 자연선택이라는 이기적인 것에 익숙한 존재임을 증명하는 듯 말하고 있습니다.

우리 인간 모두는 '하나님께 반기하고, 자신에게 이기 하고, 상대에게 사기하는 존재'라는 말에 사실 고개를 끄덕일 수밖에 없는 연약한 존재입니다. 이런 연약한 존재에게 주님의 은혜가 함께하면, 얼마나 멋진 하나님의 사람으로 살 수 있을까요. 억지가 아니라 자연스러움으로 주변 사람들을 섬기는 크리스천이 되었으면 좋겠습니다.

그리스도인으로 산다는 것은 자신의 문제가 먼저 보이는 세상에서 주님 때문에 자기를 내려놓고 누군가의 손을 따뜻하게 한번 잡아 주는 것 아닐까요. 조금 서운한 사람, 얄

미운 사람, 깍쟁이 등등에게 전에 대하던 모습이 아닌, 조금만 더 따뜻한 눈길과 마음을 보내 주는 아름다운 일상이 되길 소망해 본답니다.

## 하나님의 사람이 사는 법

"목사님, 다 때가 있는 것 같습니다. 이제 시간이 되면 목사님 따라 다니려고요~"

언젠가 황창현 장로님이 제게 하셨던 말씀입니다. 함께 해외선교 가기로 약속하고 진행하던 중 장로님의 건강에 조금 문제가 생겨서 함께하지 못했었거든요.

박순애 전도사님의 《절대 희망》이라는 책에 이런 구절들이 기록되어 있었습니다.

"복된 인생이 되는 두 가지 비결이 있다. 첫째로 돈을 복되게 쓰는 것이고, 둘째로 시간을 복되게 사용하는 것이다. 돈은 축복의 씨앗이 될 것이며 시간은 내 인생의 미래를 열어가는 문이 될 것이다. 똑똑한 사람들은 결코 교회 부흥의 주역이 될 수 없다. 하나님께서 하시는 기적은 인간의 머리에서 나오는 것이 아니기 때문이다. 인간의 머리로 판단하고 계산한다면 하나님의 역사, 하나님의 위대한 일은 결코 이루어지지 않는다. 그래서 하나님께서는 순종이 제사보다 낫다고 말씀하신 것이다. 하나님이 기회 주실 때 섬기는 인생이 되어야 한다. 하나님이 기회 주실 때 베푸는 인생이 되어야 한다. 하나님이 기회 주실 때 축복받는 인생이 되어야 한다."

얼마 전 하나님의 말씀 누가복음을 묵상하는데 15장부터 말씀이 걸렸습니다. 15장 11~13절까지 탕자의 비유를 말씀하신 후, 16장 1~13절에서는 지혜로운 청지기의 비유를 말씀하십니다.

우리 성경에는 탕자의 비유와 청지기의 비유가 15장과 16장으로 나누어져 있지만, 헬라어 성경에는 'Kai'라고 16장에 기록되어 있습니다. 주님은 "탕자처럼 하나님을 떠나 제멋대로 살다가 하나님께로 돌아온 사람은, 반드시 시간과 물질과 재능에 지혜로운 청지기가 되어야 한다"고 말씀하시는 것입니다.

성경은 주님이 이렇게 하신 말씀에 대해 바리새인이 보인 반응을 기록하고 있습니다.

"바리새인들은 돈을 좋아하는 자들이라 이 모든 것을 듣고 비웃거늘"

주님의 말씀을 들은 바리새인들은, "흥! 돈 내라고? 칫! 내 쓸 돈도 없는데 무슨 돈으로 하나님과 이웃을 섬겨? 또 돈 얘기야?" 등등의 생각들로 주님의 말씀을 조롱하고, 무시하고, 판단하고, 비웃었습니다.

주님의 말씀을 비웃었던 바리새인들과 같은 사람들이 많은 때가 지금이 아닐까요? 주님을 믿노라 하면서도 '각자의 소견대로 옳은 대로 행하는 세대', 주님의 말씀을 붙잡고 순종하며 살기보다는 '자기 생각'과 '돈'이 더 중요한 세대 말입니다. 이런 시대에 교회에서 십일조나 헌금에 대해 목회자가 말하는 것도 때론 부담이 되기도 합니다.

이 악하고 음란한 세대에서도 주님 말씀의 끈을 붙잡고 기어이 이겨 나가는 박순애 전도사님과 같은 하나님의 사람들은 지금도 곳곳에 있음을 목도합니다. 그런 분들을 만날 때마다, 그렇게 멋진 인생으로 만들어 가시는 주님의 놀라우심을 보며, 하나님의 살아 계심과 약하고 부족한 자를 들어 크게 사용하시는 주님을 찬양하게 되는 것 같습니다.

# 길 위의 인생

　　　　　　EBS 다큐영화 〈미얀마 물장수 엄마의 꿈〉이라
는 프로가 있습니다. 미얀마 시골에서 우리나라 드럼통 같
은 걸 리어카에 싣고 물장수를 하는 아주머니의 삶을 보여
주는 내용입니다.

　이 아주머니는 부모님이 반대하는 결혼을 해서 친정의
도움도 못 받고, 알코올 중독자인 남편과 아이들 다섯 명을
키우고 있습니다. 큰딸은 14살로 양곤이라는 곳에서 한 달
3만 원을 받고 식모살이를 하고, 가족은 알코올 중독자인
아버지의 경제적 도움을 전혀 못 받았고, 아주머니는 홀로
한 드럼 팔면 우리나라 돈 천 원쯤 되는 수익으로 가족의

생계를 책임지며 힘겹게 삶을 살아가고 있었습니다.

'포프리'라는 상표로 쌀도 계란도 파는 사장님이 이 프로를 시청하곤, 직원 6명과 초등학교에 다니는 딸을 데리고 그 아주머니를 돕고 싶다고 미얀마로 뻥튀기 기계 50kg 짜리를 들고 가셨습니다. 물도 잘 팔리지 않고, 한 드럼 팔아서 천 원 버는 물장수로는 도저히 생계가 어렵다 생각하고 장작불로 쌀을 튀길 수 있도록 개조해서 들고 갔고, 식모살이하는 딸도 양곤까지 찾아가서 만나고 공부하고 싶다는 말을 듣곤 대학까지 보내 주겠다 약속하고 돌아왔다고 하더군요.

미얀마 가기 전 회사 직원들 중 전부는 아니겠지만 "우리가 도와주면 뭐합니까? 그 남편이 알코올 중독자인데 그 남편 술값 대주는 것밖에 더하겠습니까?" 하는 직원도, 돌아와서 대학까지 공부시키자 했더니, "저것 봐, 우리 돈 걷어서 생색내는 거지~" 하는 직원도 있었다나요?

포프리 사장님은 직원들에게 "대학 졸업할 때까지 학비를 같이 내자" 하시곤 한 구좌에 500원, 최대 5천 원이 한계라 하셨다네요. 그 나머지 금액은 사장님이 모두 감당하겠다 하셨구요.

개인주의, 이기주의, 물질주의, 기회주의, 약육강식. 지금 우리가 사는 세상을 한마디로 표현하면 이런 모습 아닐까요? 포프리 사장님은 이런 세상을 살아가다가 무언가 마음이 '쿵' 하고 울림이 있을 때 어떻게 반응해야 하는지를 우리에게 삶으로 잘 보여 주고 있었습니다.

누구나가 다 어렵다 하는 세상을 살아가고 있습니다. 차라리 내 믿음만큼 능력만큼 무언가 마음에 '쿵'하고 울림이 있을 때, 내가 감당할 수 있으면 감당하며 나아갔으면 좋겠습니다.

"이 세대를 무엇으로 비유할까 비유하건대 아이들이 장터에 앉아 제 동무를 불러 이르되 우리가 너희를 향하여 피리를 불어도 춤추지 않고 우리가 슬피 울어도 너희가 가슴을 치지 아니하였다 함과 같도다"(마 11:16~17)

이 세상에서, 마음에 울림이 있고, 내가 감당할 수 있는 힘이 있으면 포프리 사장님처럼 반응하는 그런 삶 말입니다. 약게, 손해 보지 않게 살려고 하지 말고, 감당할 수 있으면 한다는 마음이요.

## 종교 생활? 은혜 생활?

꼭 묻고 싶은 말입니다. 눈물을 흘려 본 때가 언제쯤 되시는지요? 찬양하다, 기도하다, 예배를 드리다, 말씀을 듣는 중에, 성도와의 교제 중 대화하다, 혹은 간증을 듣던 중 어느 때에라도 눈물을 흘렸던 적이 언제쯤 되시는지요?

21세기를 살아가는 현대인들에게 있어 눈물은 굉장히 중요한 은혜의 수단입니다. '내가 언제 울어봤지?' 까마득하신가요? 그런 성도일수록 마음은 메마르고, 답답하고, 계산이 앞서고 강퍅한 마음 때문에 힘들 확률이 높습니다.

미국 LA에 있는 두 교회에 집회를 다녀왔습니다. 여러 목사님들, 사모님들, 성도들과 교제할 기회가 있었는데요. '한국 목회보다 미국 목회는 여러모로 더 힘들구나' 하는 걸 새롭게 느끼고 온 여정이었습니다.

미국 전체 한인 이민자 숫자가 250만 명쯤 되고, 교회는 5천 개쯤 된다고 합니다. LA 한인타운에만 900여 개 교회가 있구요. 한인타운 교회 중 95% 이상은 어려운 상황이라고 합니다. 투자 이민이나 공부를 잘해서 이민 온 분들이야 그래도 좀 나은 형편이지만, 취업 이민이나 무작정 미국에 건너와 불법 체류자가 된 한인들의 어려움은 말로 표현하기 어려울 정도랍니다. 집값만 해도 방 두 개짜리가 한 달에 2,500~3,000불 정도가 되구요. 부부가 벌어 한 사람이 방 값을 해결해야 겨우 살아갈 수 있다고 합니다.

어떤 성도는 미국에 온 지 20여 년이 넘었는데요. 해외여행은 한 번도 못 해 보고, 심지어 미국에 있는 나이아가라 폭포 구경도 한 번도 못 했다고 하소연을 하는 겁니다. 그런 어려움 끝에 조금 삶이 나아진 성도라 하더라도, 오랜 세월 힘들게 지내 마음이 은혜롭기 힘듭니다.

교회 생활은 한국인들과 교제할 수 있는 장소이기도 합

니다. 자칫하면 신앙생활 하는 게 아니라 한국인을 만날 수 있는 장소로 전락할 수 있는 거죠. 그런 환경 가운데서도 보석처럼 빛나는 교회들이 있었고, 은혜 생활을 기쁨으로 하는 성도도 있었습니다.

LA 한인타운에서 김순학, 김성숙 장로님 내외를 만났는데요. 두 분을 만난 건 또 다른 은혜였습니다. 현재 'Kim's AUTO BODY SHOP'이라는 자동차 수리점을 운영하고 계시는데, 한국에서 초등학교만 졸업하고 자동차 수리기술로 37년째 미국에서 생활하는 김 장로님 내외는 그저 섬기고 나누는 것이 그분들의 삶이었습니다.

이번에 함께 간 제 딸에게 300불의 용돈을 주고, 제가 지불해야 하는 물건도 거의 300불이 되는데 그분들이 결제하더라니까요. 미국에서 이런 일은 처음이라 무척 당황스럽기도 하고, 민망하기도 했습니다.

김순학 장로님은 어려운 목회자들은 차 수리를 무료로 해 주시고, 김성숙 권사님은 장로님이 고맙다고 주시는 여러 가지 선물들을 기쁨으로 나누고, 김치도 무지 많이 해서 나누기도 하시구요. 어린아이와 같은 미소를 가지신 자그마한 두 분의 삶은 어려운 미국 이민사회에서도 별과 같이 빛나고 있었습니다.

이기주의, 기회주의, 개인주의, 물질주의, 약육강식의 삶을 살아가면서 교회에 다니시는 그대여! 종교 생활? 아니면 은혜 생활? 어떤 건가요? 그리고 눈물을 흘려 본 적이 언제쯤이신지요?

## 교회의 계륵, '어린아이 신자'

"목사님~ 저는 한번 한다 하면 하는 사람이에요~"라며 자신 있게 말하는 성도가 가끔 보입니다. 그분들은 자신이 약속을 지키는 사람이라고 확신시키기 위해 말하지만, 대부분 여유가 없는 사람이거나 편협한 부분이 있거나 자기 생각만 고집하는 부분이 많습니다.

어린아이의 특징을 사도 바울은 말하는 것, 깨닫는 것, 생각하는 것으로 설명하고 있는데요.
첫째, 어린아이의 말은 누군가를 격려하고 위로하고 배려하는 말이 아니라 주로 보채고 칭얼거리고 무의미하고 자기만 생각하고 내뱉는 말이 대부분입니다.

제 친구 목사님 교회의 장로님과 권사님이 주일예배 후 로비에서 누가 보든 말든 싸웠답니다. 평소에도 서로 감정이 안 좋은 분들이기도 했지만, 그 주일은 더했다죠.

"야~ 네가 장로냐? 나는 너를 장로라고 한 번도 생각했던 적이 없어." "야~ 그런 너는 권사야? 권사가 뭐 그래. 나도 너를 권사라고 생각 안 해."

"아이고~ 창피해 죽겠더라구요. 새신자들도 그 주일 꽤 왔고, 초신자들도 있는데 장로님과 권사님이 로비에서 그렇게 싸움을 한다는 게 말이 되기나 해요?"

말이 안 되지만, 어린아이 신자는 그런 거 상관 안 합니다. 자기 생각만 옳은 말이거든요. 남을 배려하거나, 상황에 맞는 말을 하지 못합니다.

둘째, 어린아이의 깨달음은 지혜나 상식이 통하지 않고 수준이 낮습니다. 자기는 똑똑하게 깨달은 어떤 것을 말한다고 해도 옆에 있는 사람들은 불편합니다. 어떤 모임이든, 그 어린아이 성도가 말하면 옆에 있는 사람들이 힘듭니다. 그 말에 동의하기가 어렵거든요. 그럼에도 어쩌면 그 성도가 나이가 많거나, 교회 직분이 있거나, 교회에 오래 다녀서 그분에게 뭐라 하지 못하지만 늘 불편하고 버거운 존재입니다. 그는 어린아이 성도거든요.

셋째, 생각이 자기중심적이고, 이기적입니다. 사탕 하나만 잃어버려도 온 지구를 잃어버린 듯 떠들고 울어대고 칭얼댑니다. 사탕이 뭐 그리 대수라고 어린아이는 대단한 걸 잃은 듯 행동합니다. 자기가 조금만 서운하고 아쉬운 게 있으면 그걸 이리저리 과장해서 옮겨대고 자기 이해를 구합니다. 잠잠히 참을 수 있는 성도가 못 되거든요.

목회자는요. 그럼에도 이런 성도들을 다 품어내야 합니다. 컨디션이 좋고 은혜로우면 쉽게 품어낼 수 있는데요. 때로 목회자가 힘들고 성령 충만하지 못하면 그것도 힘이 듭니다. 이런 어린아이 성도들이 생각 없이 '툭' 하고 내뱉는 말 한마디가 때론 상처가 되기도 하구요.

설교단에서 그 성도를 보며 때론 마음으로 싸우며 설교해야 될 때도 있습니다. "목사가 문제야, 목사가 문제야" 하는 세상에 우리 기독교가 들어온 지 130년이 넘었습니다. 오래된 교회, 오래된 성도, 어린아이와 같은 성도와 목회하는 목회자의 심정을 아시는지요?

# 좋은 교회, 유능한 리더

여러분이 생각하는 좋은 교회는 어떤 교회인가요. 부흥하는 교회? 재정이 넘쳐 나는 교회? 유명한 교회? 유명한 사람들이 많이 모인 교회? 어떤 계획을 하든 다 성공하는 교회? 사랑이 넘치는 교회? 약자를 위하는 교회? 정의의 사도로 시대정신과 싸우는 교회?

성경을 조금 안다고 하는 분들은 '좋은 교회를 안디옥교회 같은 초대교회나 성경에서 찾아야지 왜 우리 인간들이 생각하는 편에서 좋은 교회를 찾습니까?' 하실 텐데요. 정말 좋은 교회는 어떤 모습일까요?

그렇다면 여러분이 생각하는 유능한 리더는 어떤 리더

입니까. 조직을 잘 이끌어 가는 리더? 말씀을 잘 전하는 리더? 어려움을 믿음으로 잘 극복하는 리더? 스펙이 좋은 리더? 기도를 많이 하는 리더? 사랑이 넘치는 리더? 어떤 리더가 유능한 리더일까요?

역사적으로 태평성대는 과연 있었을까요? 그렇다면 그 어떤 시대를 태평성대라고 말할까요? 그때의 리더는 어떤 모습이었을까요?

좋은 시대, 좋은 가정, 좋은 나라, 태평성대라는 시기는 별 큰일이 없던 시대를 태평성대라고 한다네요. 전쟁, 내전, 기근, 가뭄, 전염병 등등 여러 가지 복잡한 일들이 늘 역사에는 있어 왔는데요. 태평성대는 그런 큰일들이 일어나지 않은 시대랍니다. 또 일어나더라도 쉽게 극복하기도 했구요.

그렇다면 좋은 교회는요? 이 시대에서 그런 모습 아닐까요? 편안한 마음으로 예배드릴 수 있는 환경을 가진 교회, 아이들이 교회에서 마음껏 깔깔대고 웃을 수 있는 그저 그런 교회, 성도들이 모여서 거리낌 없이 웃을 수 있는 환경을 가진 교회, 그 교회의 믿음만큼 능력만큼 무슨 일이 생기면 편안히 해결할 수 있는 교회.

좋은 가정은요? 그저 가족이 모여 같이 식사할 수 있는 그런 가정이요. 가장은 가장대로 자신의 역할을, 아내는 아내대로, 자식은 자식대로 자신의 역할을 해서 뭐 그렇게 큰 일이 없는 그런 가정 말입니다.

우리는 유명한 사람, 성공한 사람이 유능하고 멋진 리더라고 생각하는 시대에 살고 있습니다. 하지만 정말 유능한 리더는 유명하든, 유명하지 않든 자기가 속해 있는 그 공동체를 좋은 교회로 섬기고 있는 사람이 아닐까요?

좋은 공동체는 리더 혼자 절대로 그런 모습을 만들 수 없다는 걸 우리 모두 잘 알고 있구요. 그런 공동체엔 협력하고 함께하는 좋은 모습의 동역자들이 분명 있을 거구요. 좋은 교회, 좋은 가정은 찾아다니는 게 아니라 자신이 있는 곳에서 창조해야 한다는데요. 우리 모두는 자신이 있는 자리를 더 사랑하고, 아름답게 꽃 피워야 하는 책임이 있구요. 그곳을 더욱 좋은 모습으로 만들어 가는 아름다운 작은 밀알이 되길 소망하는 새벽입니다.

## 이간시키는 성도

영적 원수인 마귀는 무엇이든지 깨뜨리고, 파괴시키는 능력이 있습니다. 사실 마귀라는 이름 자체가 '디아볼로스(diabolos)'인데, 디아(dia)라는 말은 '나눈다' '쪼갠다'라는 뜻입니다. 디아볼로스라는 말 자체가 '수다쟁이', '헐뜯는 자', '뒤죽박죽 만드는 자'라고 하는데, 그중 볼로스(bolos)는 '파괴시킨다'라는 뜻을 갖고 있는데요.

마귀가 역사하면 첫째, 하나님과 나 사이를 멀어지게 합니다. 둘째, 목회자와 나 사이를 멀어지게 합니다. 셋째, 교회와 나 사이를 멀어지게 합니다. 넷째, 성도와 성도 사이를 멀어지게 합니다. 다섯째, 나와 나 사이를 멀어지게 해서 정신적인 문제를 일으키게 만듭니다.

친구 목사님이 자기 교회 이야기를 해 줬습니다. 새로 나온 초신자를 사랑하며 잘 돌봐 주고 아껴 주는 구역장이 있고 그 곁에서 샘을 내고 부정적인 말을 많이 하는 집사가 있었는데요, 새로 나온 성도에게 그 집사는 "우리 교회는 좋은 교회가 아니야. 그 구역장이 네게 잘해 주는 건 너를 이용하려고 하는 거야"라는 말을 늘 했답니다.

그 착한 초신자는 마음에 갈등이 생기기 시작했구요, 교회와 구역장은 이 사실을 모르고 '저 성도는 늘 교회에 부정적이야~' 하고 있었는데요. 다른 성도가 신천지 교육장에서 그 이간시키는 집사를 보게 된 겁니다.

그냥 교회와 목회자에 대해서 부정적인 성도라고만 생각했던 그 집사는 그 교회에 몰래 숨어들어 잠입해 있던 신천지 신자였다구요. 타깃이다 싶으면 접근해서 교회에 부정적인 것을 심어 놓고, 마음이 맞는다 싶으면 다른 신천지 교인을 이용해 그 성도를 신천지로 끌고 갔던 사람이었구요. 그 사실이 발각되자 그날로 교회를 떠나고 전화번호도 바뀌었다 하더라구요.

- 교회에 대한 사회의 부정적인 시각들
- 목회자에 대한 여러 가지 부정적인 말들
- 교회에 조금이라도 부족한 모습이라면 큰 소리로 난리 치는 언론들
- 코로나 시기가 길어지면서 혐오 세력처럼 느껴지는 교회의 모습들

사도 바울은 고린도교회에 있는 음행, 당파 싸움, 시기심 가득한 성도들, 세상 법정에서 싸우는 성도들 등등 문제에 대해 정확히 알고 있었고, 그것들이 개혁할 과제임을 알고 있었습니다. 고린도교회를 향해 "그러므로 내 사랑하는 형제들아 견실하며 흔들리지 말고 항상 주의 일에 더욱 힘쓰는 자들이 되라 이는 너희 수고가 주 안에서 헛되지 않은 줄 앎이라"(고전 15:58)고 분명히 말합니다.

이단이나 사이비들은 교회의 문제를 가리키며 "그런 교회는 안 돼", "나가지 말아야 해", "좋은 교회가 아니야"라고 한다면, 사도 바울은, 믿음의 조상들은 "우리가 섬기는 주님을 그럼에도 불구하고 믿음의 선한 싸움을 지키며 끝까

지 자기 자리에서 충성을 다하는 성도가 돼라"고 말합니다.
지금 이 글을 읽고 계신 분의 요즘 신앙은 어떠신지요?

## 내 인생의 시간?

 요즘 연령별 생존확률을 보면,

70세 생존확률 86%

75세 생존확률 54%

80세 생존확률 30%

85세 생존확률 15%

90세 생존확률 5%쯤이라는 통계가 있습니다.

즉, 90세가 되면 100명 중 95명은 세상을 떠나고 5명만 생존한다는 통계이구요. 대체적으로 80세가 되면 100명 중 70명은 세상을 떠나고 30명만 생존한다는 결론이기도 합니다. 확률적으로 건강하게 살 수 있는 평균 나이가 76~78세 정도라네요.

시편 90편 10절에 "우리의 연수가 칠십이요 강건하면 팔십이라도 그 연수의 자랑은 수고와 슬픔뿐이요 신속히 가니 우리가 날아가나이다"라는 말씀이 있습니다.

공동번역 성경은 "인생은 기껏해야 칠십 년 근력이 좋아야 팔십 년 그나마 거의 고생과 슬픔에 젖은 것 날아가듯 덧없이 사라지고 맙니다"라고 번역되어 있습니다.

류호준 교수님(백석대 은퇴)은 "히브리인들에게 70년이란 신으로부터 주어진 삶을 충분하게 산 햇수를 가리킵니다. 70이 온전한 숫자인 것처럼 말입니다. 80이란 것 역시 '사람이 신이 정해 준 삶을 살고 거기서 플러스로 조금 더 사는 듯하여도'라는 뜻입니다"라고 말씀하시는데요. 또 "하나님이 정해 주신 인생이라는 삶을 살고, 때로 플러스 마이너스해서 더 살고 덜 사는 듯해도 수고하는 삶이요, 많은 경우 슬픔이 많은 삶이다"라고 하시더라구요.

성경 야고보서 4장 14절은 "내일 일을 너희가 알지 못하는도다. 너희 생명이 무엇이냐 너희는 잠깐 보이다가 없어지는 안개니라"고 말씀하고 있습니다.

여기에서 '안개'는 아침에 자욱하게 눈앞을 가리는 그 안개가 아니구요. 뜨거운 물을 컵에 부으면 김이 올라오는데, 올라오면서 사라져 버리는, 그 수증기가 안개의 의미랍니다. 아침에 보이는 안개는 너무 길구요, 그것보다 훨씬 짧은 수증기 같은 안개라는 얘기죠.

시간의 속도감을 보통 자기 나이 곱하기 2를 한다네요. 10살이면 20㎞, 20살이면 40㎞, 60살이면 120㎞로 속도감을 느끼기 때문에 연세가 많을수록 시간이 훨씬 빨리 가게 느낀다고 합니다.

보통 확률적으로 76~78세 정도가 건강수명이라고 하는데, 그 정도 나이까지 살아 있으면 살게 되는 게 우리네 인생입니다. 근력이 좀 더 있어서 특별히 건강하게 사시는 분들도 있지만 보통의 경우는 아닌 거죠.

지금 내 나이가 어떻게 되나요? 12시 마감 시간이라면, 내 인생의 주소는 어디쯤일까요? 인생의 시간 지금, 무엇을 하고 계신지요? 훗날 우리 모두가 주님을 만나야 할 텐데, 그때에 "잘했다 착하고 충성된 종아!"라고 칭찬 듣는 우리 모두가 되었으면 좋겠습니다.

# 거지 같은 신앙생활

"목사님~ 왜 요즘은 우리 청년들에게 거지 같은 신앙생활 하지 말라고 말씀 안 해 주세요? 제가 20대 때 목사님 말씀 듣고부터 십일조 한 번도 빼먹지 않고, 지금까지 지내왔는데, 요즘은 우리 목사님이 청년들을 너무 봐주시고 우리 때처럼 야단도 안 치시고, 약하게 키우시는 거 아닌가 하는 마음이 들어서요~"

중학생 때부터 같이 신앙생활 하던 녀석들 이지원, 송정섭, 김소라 청년과 함께 식사할 기회가 있었습니다. 식사 중 지금 청년 5교구 간사로 있는 김소라 청년이 제게 한 말입니다.

제가 "은퇴하는 목사님들 중에 어려서부터 함께 신앙생활 해서 권사가 되고 장로가 된 지체들이 '이제 그만하시고 은퇴하시라'고 한 말을 들은 분이 계시데~ 나중에 너희들이 빨리 은퇴하라고 말한다는 게 도저히 상상이 안 가고, 그 말을 들으면 나 스스로 무척 힘들 것 같아" 하자, 결혼해서 두 딸을 키우고 있는 송정섭 형제가 불쑥! "아닙니다. 절대 아닙니다! 우리 목사님이 안 계신 성만교회는 아니죠~" 했습니다.

"우리 이찬용 목사님이 안 계신 성만교회를 한 번도 생각해 본 적이 없어서요~ 제 아내도 결혼하고 우리 교회 와서 무척 좋아하구요. 제 큰딸은 아직 어린데도 목사님 보러 가자고 조르고 있어서요. 우리 가족에게 성만교회와 이찬용 목사님은 전부인데, 우리가 어떻게 그런 말씀을 드려요?"

그러자 옆에 있던 이지원 형제가 "목사님~ 종신으로 계실 수는 없으세요?" 해서 우리 모두 한바탕 웃었습니다.

저도 성만교회 담임목회를 그만두어야 하는 날이 분명히 오겠지만, 그런 말을 해 주는 녀석들이 한편으론 고맙기도 하고, 든든하기도 하더라구요.

청년부 헌신예배 때 직장 생활을 하고 있는 김소라 청년이 지금 청년들에게 많이 놀란 듯했습니다. "목사님~ 지금 청년들은 우리하고 또 다른 세대예요. 이런 청년들일수록 받음과 드림에 대한 교육도 필요하고, 정말~ '거지 같은 신앙생활 하면 안 된다'는 말을 꼭 해야 한다는 마음이 다시 들었거든요."

옆에서 듣고 있던 이지원 형제가 소라를 보며 말했습니다. "목사님! 소라는 교회가 전부이니까 저런 말 할 수 있는 것 같습니다. 소라에게 성만교회는 전부고, 쟤는 찐 성만패 밀리거든요~" 해서 또 한바탕 깔깔거리고 웃었습니다.

어린 꼬마들이 청년이 되고, 장년이 되는 세월을 성만교회는 함께하고 있습니다. 마냥 어리게만 보이던 꼬마들이 이제 어엿하게 사회에 나가 각자의 역할을 하며 멋지게 삶을 꾸리고 있구요. 저는 약해지는 듯한데, 녀석들은 창창하게 앞으로 나아가고 있습니다. 그리고 교회와 함께한 아름다운 추억들을 모두 갖고 있는 듯해서 감사하고 있구요.

## 뭣이 중헌디?

언젠가 중고등부 친구들에게 가장 중요한 것이 무엇이냐고 물은 적이 있습니다. 당연히 70% 이상이 '돈'이라고 답했구요. 이런 수치는 대부분 비슷할 겁니다. 교회 다니는 친구들이 이런 대답을 하니, 교회 다니지 않는 친구들의 수치가 더 높으면 높았지 결코 낮진 않을 겁니다.

재산에는 유형적 자산과 무형적 자산이 있다고 하죠. 유형적 자산은 돈을 포함해 부동산, 주식, 건물, 아파트, 보석 등등 눈에 보이는 것이구요. 무형적 자산에는 눈에 보이지 않는 신실함, 겸손, 충성, 믿음 등등이 있습니다.

우리 그리스도인들은 유형적 자산이 최고라고 생각하는

이 땅에서 보이지 않는 무형적 자산이 더 중요하다고 삶으로 고백하며 사는 사람들입니다. 진짜 현실적인 문제에 부딪혔을 때 나타나게 되는 게 '진짜 고백'이기도 하구요.

성경 룻기 1장 1~5절에서는 "사사들이 치리하던 때에 그 땅에 흉년이 드니라 유다 베들레헴에 한 사람이 그의 아내와 두 아들을 데리고 모압 지방에 가서 거류하였는데 그 사람의 이름은 엘리멜렉이요. 그의 아내의 이름은 나오미요 그의 두 아들의 이름은 말론과 기룐이니 유다 베들레헴 에브랏 사람들이더라 그들이 모압 지방에 들어가서 거기 살더니 나오미의 남편 엘리멜렉이 죽고… 말론과 기룐 두 사람이 다 죽고 그 여인들은 두 아들과 남편의 뒤에 남았더라"라고 말씀하고 있습니다.

모압 땅에 거주한 지 십 년쯤에 나오미의 남편 엘리멜렉이 죽고, 말론과 기룐 두 아들마저 죽게 됩니다. 나오미와 오르바, 룻 세 여인만 모압 땅에 남게 되는데요. 이제 나오미가 베들레헴으로 돌아가던 중 두 며느리에게 "너희는 각기 너희 어머니의 집으로 돌아가라"(룻 1:8)고 말하자, "오르바는 시어머니에게 입 맞추되 룻은 그를 붙좇았더라"(룻

1:14)고 했습니다.

  현실에 부딪히자 오르바는 유형적 자산이 중요하다고 생각하는 사람임이 드러나고, 룻은 희망이 보이지 않고, 캄캄한 현실이지만 '하나님에 대한 신앙' 즉 무형적 자산이 더 소중히 여기는 사람임이 드러나게 됩니다.

  코로나로 전 세계가 어렵다고 하고, 우리나라도 마찬가지로 어렵습니다. 이런 상황에서 믿는 우리들도, 교회도 덩달아 마음이 좁아질 수밖에 없습니다. 이런 현실은 개인의 신앙에서 진짜 '뭣이 중헌지!' 삶의 고백으로 말하게 할 것입니다. 교회도 마찬가지로 어떤 게 중요한지를 말해 주고 있을 거구요.

  개인은 십일조를 내지 않고, 교회는 구제비, 선교비를 줄이거나 부교역자를 줄여 재정을 긴축하게 되는 모습으로 나타나게 될 겁니다. '긴축재정'이라는 고급 언어를 사용하며 세상 가치관에 함몰되어 추락하는 모습, 무형적 자산이 중요하다고 믿는 사람들이 실제로는 '유형적 자산이 더 중요하지' 하는 모습으로 말입니다.

이 세상은 우리에게 "뭣이 중해요?" 하고 묻고, 우리는 삶으로 대답해야 합니다.

## 계산 잘함? 헌신 잘함!!

"어휴~ 나는 그 성도가 말만 하면 가슴이 답답하다니까요~"

언젠가 지방에서 목회하시는 목사님이 제직회 할 때마다 똑똑한 성도가 나와서 차트를 준비하고 브리핑하는데 반박도 못 하고 미치겠다고 하소연하는 말씀이었습니다. 그 성도는 장로님 아들로 대학에서 통계학을 전공하고 집사로 섬기고 있는데, 교회 안에서도 말 잘하는 무지 불편한 성도였습니다.

"총동원 전도주일을 지키자~!" 이번엔 이렇게 해보자 하면 언제 준비해 왔는지 몇 년치 통계를 내서, 재작년엔 우리 교회가 이랬고 작년엔 이랬고, 우리 교회 부흥 속도가 이렇고, 돈은 얼마 들었고 결과는 이래서 그 비용을 들여 총동원 전도주일을 하는 건 아니라고 생각한다며 차트까지 준비하고 정확한 통계를 내고, 너무나 설득력 있게 말하는 그 집사의 논리적인 브리핑에 모여 있는 성도들은 모두가 동의할 수밖에 없었다나요.

"글쎄 그 집사가 하는 말의 결론은 항상 '안 된다~!'예요. 그 안 된다는 말을 하느라 얼마나 공을 들여 준비하는지 환장하겠다니까요. 교회 건축도 그 성도 브리핑 때문에 몇 번 좌절되고, 그 성도가 그 교회를 나간 후에야 비로소 시작할 수 있었습니다."

예수님이 잡히시던 밤, 베드로는 예수님을 멀찍이 따릅니다. 가까이도 아주 멀리도 아닌 '안전지대'의 거리, 그 거리가 주님을 믿노라 하면서도 가까이 가지도 못하고, 그렇다고 주님을 떠나지도 못한 성도들의 모습이기도 하구요.

그렇게 '멀찍이' 떨어진 성도가 형식적으로 교회에 나오고, 직분도 갖고 있고, 그 교회에 다닌 지 오래되어서 어떤 영향력도 있게 되면 자신도 모르는 사이에 계산 잘하는 모습을 갖게 됩니다. 할까 말까 갈등하기도 하고, 헌신과 섬김은 오래전 이야기고 지금은 그저 손해 보는 어떤 건 안 하는 약아빠진 신앙의 모습을 갖게 되거든요. 똑같은 베드로인데 성령 충만을 경험한 후 그는 안전지대를 추구하는 성도의 모습이 아닙니다.

"그들을 위협하여 이후에는 이 이름으로 아무에게도 말하지 말게 하자 하고 그들을 불러 경고하여 도무지 예수의 이름으로 말하지도 말고 가르치지도 말라 하니 베드로와 요한이 대답하여 이르되 하나님 앞에서 너희의 말을 듣는 것이 하나님의 말씀을 듣는 것보다 옳은가 판단하라. 우리는 보고 들은 것을 말하지 아니할 수 없다 하니 관리들이 백성들 때문에 그들을 어떻게 처벌할지 방법을 찾지 못하고 다시 위협하여 놓아 주었으니 이는 모든 사람이 그 된 일을 보고 하나님께 영광을 돌림이라"(행 4:17~21)

교회에서 어떤 일을 계획하고 진행하면 계산부터 먼저 되시는지요? 교회에서 어떤 일을 계획하고 진행하면 '내가 헌신할 부분이 어떤 부분이지?' 하는 생각이 먼저이신지요?

은혜롭고 아름다운 신앙의 모습을 끝까지 가지고 초심을 잃지 않는 충성스러운 성도가 되길 기도해 봅니다.

## 교회학교!
## 단 한 사람만 있어도 됩니다

'필라델피아', 복음적인 교회가 들어설 수 없다고 하는 곳이었습니다. 그러나 하나님은 사람들이 불가능하다고 단정 지을 때마다 그것을 멋지게 뒤엎는 분이십니다. 하나님은 몇 사람의 크리스천이 연합하여 그곳에 작은 집을 사서 교회를 시작하게 하셨습니다.

그 교회에 월트(Walt)라는 사람이 있었구요. 그의 학력은 고작 초등학교 6년이 전부였습니다. 어느 날 월트는 담임목사님에게 주일학교 반을 맡고 싶다고 말합니다.

"참! 좋은 생각이지만 당신에게 줄 자리가 없소, 당신이 나가서 반을 만드시오."

〈달라스신학교 하워드 핸드릭슨의 간증 中〉

"그 월트는 우리를 찾아왔다. 우리가 처음 만났을 때는 콘크리트 바닥에서 구슬치기를 하고 있을 때였다. '얘야! 주일학교에 가지 않을래?' 학교라면 지긋지긋하던 때, '같이 구슬치기할래?' 하는 것은 신나는 일이었다. 그가 항상 나를 이기는 바람에 맥이 빠지기도 했지만, 그 일로 인해 나는 항상 그를 따라 다니게 되었다. 그때 월트는 13명의 아이들을 주일학교로 인도했는데 그중 9명이 결손가정의 아이들이었다. 그 13명 가운데 11명이 지금은 전임 사역자가 되었다.

솔직히 나는 월트가 우리에게 해 준 말을 많이 기억할 수 없지만, 심장이 약한 그와 공원을 뛰며 헉헉거리고 나무를 기대어 섰던 그의 모습에 대한 이야기들은 얼마든지 해 줄 수 있다. 그는 그리스도를 위해 우리를 사랑했던 사람이었기 때문이다. 그는 뛰어난 사람은 아니었지만 진실한 사람이었다."

교회마다 교회학교가 난리입니다. 교사들은 "교회가 장년부 중심이어서, 교회학교에는 관심이 없다"고 말하고, 교회는 "헌신된 교사들이 없다"고 말합니다.

그런데 말입니다. 오늘 이 시대에도 월트(Walt)와 같은 단 한 사람의 교사만 있어도 교회학교는 얼마든지 부흥할 수 있고, 아이들을 행복하게 할 수 있는 공동체가 될 수 있다는 생각엔 동의하기가 어려우신가요?

우리 교회에 한동훈 집사라고 아동부 부장 선생이 있습니다. 현직 군인이기도 하구요. 매년 이 한동훈 집사는 거의 200여 명의 아이들을 전도하곤 합니다. 매주 토요일이면 거의 전도 나가구요. 주일 오전에도 전도 나가곤 하거든요. 사실 이 한동훈 집사를 따라 하는 아동부 교사들, 따라서 전도하는 남자 집사님들도 생겼습니다. 어느 때는 권사님들이 전도에 동행하기도 하구요.

하나님의 나라는 변명과 핑계가 필요 없다고 하더라구요. 우리 교회는 "이래서 안 됩니다", "저래서 안 됩니다" 그런 말들을 쉽게 하는 축에 속한 사람이 아니라, 그럼에도 불구하고 하나님의 나라를 위해 나라도 믿음의 길에 들어선 사람과 함께하고 싶습니다. 당신의 현주소는 어디인지요?

# 천연기념물 목회

웃자고 하는 얘기겠지만, 어느 교회 장로님이 하도 목사님 속을 썩이고 괴롭혀서, 고민하던 목사님이 어느 날 새벽기도 시간에 "예수님~ 저 장로님 좀 제발 데려가 주세요" 했다지요. 주님이 그 목사님에게 나타나셔서는 "○○○ 목사야, 나도 못 해서 십자가에서 죽었어. 너도 참어~" 하셨다구요.

식당을 운영하는 제 누님이 언젠가 제게 어렵게 말씀을 꺼내셨습니다. "목사님~ 식당에 가시면 일하시는 분들에게 커피값이라도 꼭 주셨으면 좋겠어요" 하시며, 일하시는 분들이 교회에서 단체로 온다고 하면 그쪽 서빙은 서로 미룬다는 겁니다.

  단체로 와선 이것저것 더 달라는 말로 사방에서 난리 치다 정작 갈 때는 커피값이라도 놓고 가는 성도나 교회가 별로 없답니다. 음식을 어느 정도 먹고 배가 불렀다 싶으면 그때부터 교회 성도를 헐뜯는 것부터 시작해서, 담임목회자, 부교역자들 험담까지 자기들만 의로운 양 떠드는 모습이 아니꼬워서 그렇다네요.

  영국에 가면 이런 말이 있답니다.

> "어떤 사람과 비즈니스를 하려고 하는데 그 사람을 믿어도 되는지, 사업 파트너로 동행해도 되는지 모르겠으면 식당에 가서 식사를 같이 해보라. 식당에 가서 그 사람이 종업원 대하는 태도를 보면 그 사람과 거래해도 좋은지 알 수 있다."

  설명하지 않아도 어떤 사람과 거래를 하지 않아야 하는지 뻔히 답이 나오죠? 자기보다 지위나 처지가 열악한 사람을 보면 심하게 거들먹거리다가도, 부자나 지위가 높은 권력자를 만나면 급변하는 사람, 누군가를 만나기만 하면 칭찬하기보다 험담에 능숙한 사람, 무엇을 보든지 부정적인 시각으로 보는 사람, 자기만 의롭고 다른 사람들은 다 그렇고 그렇다는 반골 기질이 있는 사람과의 교제와 거래는 위험한 게 사실 아니겠습니까.

아주 오래전 서울 가는 지하철 안이었습니다. 우르르 한 무더기의 여자분들이 몰려들어 서로 권사님, 집사님 하는 걸 보니 어느 교회에서 단체로 어딜 가는 중이었나 봅니다. 그 사람 많은 지하철 안에서도 서로 어느 권사가 어떻고, 누가 어떻고 험담을 하는 모습을 본 적이 있습니다. 그 말을 굳이 들으려고 하지 않아도, 말하는 소리가 주변 사람들에겐 다 들릴 정도였습니다.
"교회에 직분자를 세우려면 믿음보다 성품을 먼저 보라."
우리 선배 목회자들이 가끔 하시던 말씀이었습니다. 믿음이야 왔다 갔다 할 수 있지만 타고난 성품은 어떻게 못 한다구요.

건축은 눈으로 보입니다. '아 1층 올라갔구나', '5층 올라갔구나' 그런데 사람을 상대로 목회하는 건 눈으로 보이는 게 아닙니다. 괜찮나 싶으면 토라지고 삐지고 시험 들고 하는 성도가 늘 있거든요. 이런 성도들이 교회 내에서 힘이 있다 싶으면 갑질을 하는 겁니다. 괜히 다른 성도 트집 잡고, 부교역자들에게 반말이나 해대고, 목회에 참견하고 싶어 근질근질하거든요.

그런데요~ 목회자는 이런 갑질 성도를 평생 품어야 하는 거래요~ 갑질하는 성도들은 마음대로 해도 괜찮고, 목회자가 이런 성도를 향해 한마디라도 하면 난리가 난다니까요. 그래서 목회는 때로 가슴앓이를 하며 이 길을 가는 거랍니다.

이 글을 읽으시며 "우리 목사님은 아닌 것 같은데~" 하는 마음이 드시나요? 그런 마음이 들게 하는 목회자 요즘 별로 없습니다. 천연기념물 목회하고 계시는 중이시네요~

# 생각의 함정

"인간은 이성적인 동물일까? 늘 완벽하게 이성을 유지할 수는 없지만, 최대한 이성적으로 행동할 수는 있다. 그러나 세상을 살다 보면 내 이성이나 판단력이 부족하다는 것을 인정하지 않을 수 없는 순간들이 있다. 우리는 이런 순간들을 꽤 자주 경험하게 된다. 바로 생각의 함정 때문이다.

나무꾼이 도끼를 잃어버렸다. 아마도 옆집 아들이 훔쳐 간 것 같았다. 나무꾼은 옆집 아들의 일거수일투족을 관찰했다. 아닌 게 아니라 옆집 아들은 수상쩍게 보이고 여러모로 의심스러웠다.

나무꾼은 틀림없이 옆집 아들이 도끼를 훔쳐 갔다고 확신을 굳혔다. 하지만 얼마 후 나무꾼은 계곡에서 도랑을 파다가 잃어버린 도끼를 발견했다. 그 후에 옆집 아들을 보니 도끼를 훔쳐 갈 사람으로는 전혀 보이지 않았다. '여씨춘추'에 나오는 일화다."
사오유에 《생각의 함정》 서문에서

생각의 함정에 한번 빠지면 자기도 모르게 비이성적인 추측을 하게 된답니다. 거기서 빠져나온 뒤에야 '내가 왜 그랬지?' 하고 반문하게 되는데, 생각의 함정이 장난을 친 것이라구요.

얼마 전 신천지에 3년 있다가 나온 사람을 만났습니다. 껄껄거리고 웃으며 "목사님~ 참 말도 안 되는데요, 그 이상한 사이비가 그 안에서는 전혀 이상하게 느껴지지 않더라구요. 사망책과 생명책이 있는데, 우리만 생명책이 있고, 우리만 144,000명 안에 들어가고, 이만희는 예수의 영이 들어와서 죽지도 않는다는 그게 믿어지고 말이죠. 다행히 저는 나와서 그 말도 안 되는 이상한 단체가 신천지라는 걸 알게 됐는데요. 제가 그때 같이 있었던 형제 중에 지금도 아주 어렵게 생활하고, 끼니가 어려운데도 그게 진리인 줄 알고 그 안에 있는 사람도 있습니다" 하더라구요.

강남에서 목회하는 제 친구 목사 일행이 교회 건축을 거의 다 하고 식당에 갔습니다. 저쪽 테이블에서 식사하던 40대 후반쯤의 사람이 다가와, "교회 다니는 사람들이 이렇게 집단으로 식당에 다니면 되냐?"고 항의하더라나요. 성질 같아서는 한마디 하고 싶었지만, 그냥 참고 나왔다구요. '어휴~ 어휴' 하면서 억울해했습니다.

코로나19로 TV와 인터넷, 모든 언론들이 교회가 전염의 원천인 양 떠들어 댑니다. 특히 금요일 오후만 되면 교회 예배가 어떠니, 어느 교회가 예배드리니 계속 방송하기도 하구요. 교회가 적폐가 된 느낌? 이런 세상, '생각의 함정'에 빠진 세상에서 우리는 교회에서 주님을 섬기며 살아갑니다.

어떻게 하면 되냐구요? 나 있는 그 자리에서 믿음의 꽃을 피워 내면 됩니다. 직장이든 가정이든 내 주위 사람들에게 말로도 하지만, 삶으로 "믿음의 사람, 하나님의 사람, 교회 다니는 사람은 이렇게 사는 거야~"라고 홀로 천천히 자유롭게 내 믿음만큼 능력만큼 보여 주는 것 말입니다.

이 글을 읽는 모든 분들 잘할 수 있으시죠? 한번 해 봅시다!

## 우이~C 감사합니다

"감사는 파야 합니다. 감사는 잡아야 합니다."

언젠가 침례교 총회장을 지내신 오관석 목사님이 우리 교회에 오셔서 메시지를 전하실 때 하신 말씀입니다.

제가 첫 교역자로 시무했던 교회는 페트라 헬라어로 유명하신 김선기 목사님이 목회하던 도봉산 자락의 백운대교회였습니다. 그 시기 "감사하라", "기도하라", "기뻐하라", "믿으라"와 같이 우리 생명과 관련된 헬라어 단어들이 '명령형'이고, 그런 단어들이 명령형으로 쓰였기 때문에 우리가 그 말씀에 순종으로 반응하면 말씀의 능력을 경험하게 되는 것을 배웠구요. 그 내용을 가지고 설교한 적이 있습니다.

백운대교회에는 슈퍼마켓을 하던 신을순 집사님이 계셨습니다. 그 설교를 하고 얼마 후 신 집사님이 새벽예배에 나오셔서 제게 간증한 내용입니다.

　사실 슈퍼마켓이라는 게 창살 없는 감옥이랍니다. 매일 새벽 6시부터 밤 11시까지, 남편과 아이들이 학교 가고 나면 혼자 가게를 지켜야 하는데, 어떨 땐 화장실도 마음대로 못 간다네요. 그 슈퍼를 10년 이상 해 오신 신 집사님네 방은 가게가 좁은 탓에 목수였던 남편이 불법으로 벽에 잇대어 길쭉하게 만든 것이었습니다.

　그런데 문제는 비가 오면 벽을 타고 들어오는 물이었는데요. 그날도 식구들 모두 잠든 새벽 두 시쯤 비가 벽을 타고 방으로 들어온 것입니다. 황급히 일어난 신 집사님은 세상모르고 자고 있는 남편과 아이들을 위쪽으로 몰아놓곤 세숫대야와 걸레를 가지고 와 여느 때처럼 방에 있는 물을 걸레를 적셔 대야에 짜내며, 퍼내기 시작한 겁니다.

　그 순간 자신의 삶이 얼마나 퍽퍽하게 느껴졌던지 "아이고! 내 팔자야! 내가 10년 이 짓을 했는데, 앞으로 얼마나 더 이 짓을 해야 하나" 했답니다.

남편도 밉고, 아이들도 귀찮고, 자신의 삶 자체도 억울해 하던 그 순간, "기뻐하라! 감사하라!! 이건 하나님의 명령입니다"라며 어설프게 배웠던 헬라어를 소재로 설교했던 제 모습이 생각 났구요, 너무 힘들고 마음이 내키진 않았지만, 걸레를 짜면서 "우이~C 기뻐요. 우이~C 감사해요~C" 하면서 걸레를 짰다는 겁니다.

몇십 번을 "기뻐요~ 우이~C, 감사해요~ 우이~C" 하던 중 갑자기 자기 안에서 기쁨이 퐁~! 하고 솟구쳤다나요. 신을순 집사 자신이 그 걸레를 짜며 너무너무 감사가 충만해 홀로 울며 부흥회를 하다 시간이 돼서 새벽기도에 나와 제게 간증한 것입니다.

감옥에 갇힌 베드로가 그날 밤 평안히 잠들 수 있었구요, 감옥에 갇혔던 바울과 실라가 하나님을 찬미할 수 있었던 것은 성경 안에만 있는 내용이 절대 아닙니다. 오늘 나의 삶을 하나님의 말씀에 순종해서 '감사'로 고백할 때 그 말씀의 능력이 환경의 포로 된 우리의 삶을 부수고, 환경을 이기는 하나님의 사람으로 서게 할 수 있습니다. 너무 이론, 논리, 합리적인 것만 따지는 세상에서 말씀에 순종하는 것이 능력이라고 말할 수 있고, 그 말씀을 체험하는 감사의 계절이 되기를 소망해 봅니다.

  하나님의 말씀은 지금 나의 환경과 관계없이 처지와 관계없이 순종하는 자에게 능력으로 반드시 나타나게 되어 있답니다. 감사의 계절~ 지식 신앙이 아닌 체험 신앙으로 현재 있는 자리에도 도전 한번 해 보입시다.

# 마음 쓰기

우리 교회 성도 몇 분이 제게 과분한 승용차를 사주셨습니다. 생선회를 좋아하는 작은누님과 통화 중 차 이야기를 했더니, 보고 싶다고도 하고 저도 자랑할 겸 일산에 있는 횟집에서 점심을 사기로 했습니다. 아직 임시 번호판을 단 차를 끌고 식당에 도착했습니다. 이른 점심시간인데도 이 방 저 방에 사람들이 꽤 있어 보였습니다.

누님과 이런저런 대화를 하며 식사하고 있는데, 식당 사장님이 "임시 번호판 차를 갖고 오신 분 맞냐"고 묻더군요. 그렇다니까 "조금 문제가 생겼습니다" 하셨습니다. 밖에 주차된 공간에 나가보니 허름한 옷을 입고, 가냘픈 어깨를 갖고 계신 저와 비슷한 연배의 남성분이 떨고 서 있었습니다.

점심시간에 반주 겸 식사하신 분이 대리기사를 부른 거였습니다. 그 대리기사 분은 뒤로 후진하다가 주차되어 있는 제 차의 뒤 범퍼를 흠집 나게 한 거였구요. 아직 임시 번호판인 차, 범퍼가 그렇게 깊진 않지만 일직선으로 도장된 면이 10cm 넘게 흠집이 나 있었습니다. 대리기사 분은 자기의 부주의로 차를 긁었다며, 연신 '죄송하다' 머리를 조아리고 있었습니다. 사실 그런 모습도 안타깝긴 했지만, 마른 체격에 가냘픈 어깨를 떨고 있는 모습이 저를 더 힘들게 했는지 모릅니다.

"몸은 좀 괜찮으세요?"

"네?"

"아니~ 아직 번호도 안 단 거 보이시죠?"

"네. 그래서 더 죄송합니다."

"저는 예수 믿는 사람입니다. 교회 다니세요?"

"아뇨~ 다니지 않습니다."

"오늘 그냥 가세요. 이건 그냥 조금 칠하면 될듯한데요. 뭐~"

"뭐라고요?"

"그냥 가시라구요. 뭐 크게 사고 난 것도 아니고, 조금 칠하면 되는데요. 대신 시간 되시면 꼭 교회에 다니시구요. 그냥 편히 가세요."

작은누님은 자기 밥 사 주러 왔다가 당한 사고라 생각하고 미안해하고, 식당 사장님은 이런 손님 처음 봤다고 서비스라며 이것저것 먹을 걸 더 챙겨주기도 하시더군요. 사실 배가 불러 더 먹을 형편도 아니었습니다.

차는요? 제게 차를 소개해 주신 분이 다시 도색해 주셨구요. 별일 없이 잘 타고 다닙니다. 대리기사 분이야 놀랄 일일 수도 있지만, 사실 조금 도색하는 걸로 마무리할 수 있는, 제겐 별일 아니었거든요.

돌아오는 차 안에서 제가 주님께 감사 기도를 한 적이 있습니다. 이렇게 마음 쓸 수 있도록 제가 한 뼘은 더 커 보였기 때문에요. 이렇게라도 마음 쓸 수 있도록 제 삶을 도우시는 주님의 은혜로, 귀한 차를 선물로 준 성도들도 고맙기도 해서요.

4

## 삶은 주님의
## 은혜입니다

# 버티기 한 판

뽀빠이 이상용 씨가 전남 곡성에서 107세 된 할아버지를 만나 인터뷰했습니다.

"할아버지~ 잘 들리세요? 이렇게 오래 사신 비결이 뭐예요?"

"할아버지가 뭐야? 인마, 그냥 형님이라고 불러."

"아 형님 죄송합니다. 형님~ 오래 사신 비결이 뭐죠?"

"비결은 무슨, 안 죽으니까 오래 살았지."

이상용 씨가 계속 질문했습니다.

"형님, 그동안 살아오면서 미운 사람도 형님을 미워하는 사람도 스트레스 주는 사람도 많았을 텐데 어떻게 그런 걸다 참고 사셨어요?"

"응. 미운 사람도 있었지~ 하지만 그냥 내버려 뒀어, 그랬더니 지들이 알아서 80~90살 되니 그냥 먼저 다 죽어 버리던데?"

목회는, 우리네 인생은 어쩌면 '버티기 한 판' 아닐까요? 그동안 목회를 해 오면서 소위 잘산다는 사람, 공부를 진짜 제대로 많이 한 사람, 유명하다고 하는 사람들을 만나기도 했습니다. 곁에서 보면 대단해 보일지 모르지만, 그 사람 가까이 가서 보면 누구나 다 나름대로 어려움을 겪고 있었습니다.

설교하다가 제대로 설교를 듣지도 않고, 성경책을 뒤적이거나, 핸드폰을 보거나, 졸거나, 다른 행동을 하는 성도와 마주하게 될 때가 있습니다. 설교 도중 '저 성도가 내게 시험이 들었나', '내게 무슨 서운한 게 있나', '무슨 문제가 생긴 건가' 별의별 생각이 다 듭니다. 그럼에도 불구하고 목회자는 그 설교를 마무리해야만 합니다.

교회에 영향력 있는 중직자 한 명이 다른 교회나 다른 지역으로 이사 가기도 합니다. 우리 교회에서 더 이상 함께 신앙생활을 하지 못하는 것입니다. 그때 느끼는 또 다른 중압감이 목회자에게는 있습니다.

교회가 부흥하는 듯하다 정체되고, 더 이상 새로운 성도가 오지 않을 때도 있지요. '나의 한계는 여기까지인가?', '더 이상 부흥은 어려운가?' 하는 마음이 들기도 하고, 교회 안에서 이상하게 떳떳하고 당당한 모습으로 지내기가 어렵고 때론 주눅이 들기도 합니다.

그럼에도 버텨 내는 게, 우리 목회자가 가야 하는 길입니다. 그냥 하루하루 버티며 살다 보면 주님의 일들이 내 삶 가운데 조금씩 이뤄져 가는 걸 보게 되는 게 목회 같습니다.

진정한 목회의 성공은 '얼마나 큰 교회를 이뤘느냐'가 아니라, '목회자로 시작한 삶, 잘 버티며 목회자로 은퇴했느냐'가 아닐까요? 때로 정말 참기 힘든 순간에도 버텨 버리고, 정말 창피해서 어떻게 하지 못할 상황에도 버텨 버리고, 모든 걸 놓아 버리고 싶은 순간에도 버텨 버리는 것. 이것이 삶이고 목회이지 싶습니다.

# 내 인생 마지막 숙제

"내 인생 마지막 숙제여~"

언젠가 TV에서 80세가 넘은 할머니가 파지를 주우며 손자 두 명을 키우는 장면이 나왔습니다. 초등학교 4~5학년쯤 되는 녀석들은 꼬부랑 할머니가 리어카를 끌며, 파지와 고물을 주울 때 곁에서 밀어주기도, 파지를 주워 오기도, 둘이서 개구지게 장난질도 해댔습니다.

그 할머님 인생의 마지막은 손자 둘이 성장해서 독립할 때까지 곁에 있어 주고 키워 내야 하는 삶이었습니다. 그때까진 아파서 누울 수도, 죽을 수도 없습니다. 두 명의 손자들을 키워내야만 하는 삶, 그 삶이 그 할머님의 고백 속에

고스란히 담겨 있었습니다.

미국 새들백교회 릭 워렌 목사님의 아들 매튜 군은 2013년 권총으로 자살했습니다. 목적이 이끄는 삶으로 유명한, 세계적으로 좋은 영향력을 끼치는 목사의 아들이 자살한 것입니다. 2남 1녀 중 막내로 부부에게는 얼마나 각별한 아들이었을까요? 아들이 자살한 후 릭 워렌 목사님 부부에겐 얼마나 많은 말들이 들려왔을까요?

"당신 목회는 성공했지만, 가정은 성공하지 못한 게 아니요?"

"숨겨 놓은 무슨 죄가 있는 게 아니요?"

"그런 가정을 가지고도 목회자로서 목회를 하오?"

"당신은 위선자 아니오?"

"자살한 아들을 둔 목사가 무슨 설교를 어떻게 할 겁니까?"

미국이라서 그나마 다행이었지, 한국에서 저런 일이 벌어졌으면 비판은 장난이 아니었을 겁니다. 릭 워렌 목사님 부부의 심적 고통과 관계없이 수많은 비방 글들이, 비방하는 말들이 들렸을 겁니다. 목회를 잠시 내려놓은 부부는 1

년이 되지 않아 다시 새들백교회로 복귀했습니다. 다시 목회로 복귀한 부부는 자살 충동과 싸우는 이들을 돕는 사역을 개발합니다.

"오랜 시간 자살한 사람들에게 공격적인 모욕과 굴욕을 주는 것은 미국 교회도 대단합니다. 교회 묘지에 매장하는 것을 허락하지 않았고, 교회에서 출교시키기도 합니다. 이것은 뒤죽박죽인 일처럼 될 수 있지만, 우리는 가장 절망스러운 시간에 놓인 이들과 함께하라는 예수님의 부르심을 받고 다시 사역의 길을 걷고 있는 것입니다."

두 손자를 키우는 할머니가 "내 인생 마지막 숙제여~"라고 한 외침이나 새들백교회 릭 워렌 목사님이 "우린 가장 절망스러운 시간에 놓인 이들과 함께합니다"라고 전한 고백을, 우리는 '사명'이라는 말로 대신할 수 있을 것 같습니다. 어떤 상황에서도, 무슨 일이 있어도 내 인생에 있어 꼭! 해내야만 하는 그 어떤 것 말입니다.

글을 읽고 있는 그대여~ 내 인생 마지막 숙제 같은 사명은 무엇인지요? 그 사명에 대해 다시 한번 생각해 보는 시간이 되길 소망해 봅니다.

# 새롭게 발견한 목사의 사명

"사랑하다 보내 주시고, 사랑하다 보내 주시고, 이것이 목사님의 사명 아닐까요?"

지난주 우리 교회 안나구역 할머니들과 설악산에 다녀왔습니다. 막상 설악산에 도착해 보니 교회 개척 이후 25년이 지나는 동안 정들었던 할머님들이 많이 보이지 않는 겁니다. 이런저런 사정으로 대부분 설악산까지 여행하기에는 몸에 무리가 되기 때문에 오시지 못했을 겁니다. 전에는 잘 웃기도 하고, 같이 맛있는 음식을 먹으러 다니시던 할머니들이었습니다.

그런데 교회와 함께 시간을 보내는 동안 세월이 그분들의 육체적 건강을 가져가 버리고 말았습니다. 무릎이 아프신 분, 암으로 수술을 하신 분 등 이런저런 사정으로 정들었던 할머니들이 많이 보이지 않아 내심 조금 서운하더군요.

곁에 있던 한 권사님에게 "오랜 시간 곁에서 함께 기도해 주시던 할머니들이 많이 보이지 않네요. 새로 오신 분들이 더 많이 보이네요" 하고 한마디 건넸습니다.

권사님은 따스한 미소를 띠면서 이렇게 말씀하셨습니다. "목사님~ 그저 사랑하다 보내 주시고, 또 오면 사랑하다 보내 주시고, 그렇게 하는 것이 목사님의 사명 아닐까요?"

권사님의 말씀을 듣고 다시 동행한 할머니들을 보니 또 그분들이 그렇게 새롭고 싱그럽게 보입니다. 사람 마음이란 것이 참 이상합니다.

"주일날 강단에서 목사님의 설교를 듣고 얼굴을 보고, 나갈 때 잠깐 인사를 하면 뵙는 정도였는데, 이렇게 오랫동안 목사님 옆에 있으니까 좋네요. 목사님하고 늘 가까이 있고 싶었습니다~"

할머니 한 분은 소녀 같은 미소를 지으시며 이렇게 말씀하십니다. 이번 여행 중 척산온천에 갔습니다. 남탕에서 먼저 나와 로비에서 기다리다가 할머니들이 나오자 엉기기도

하면서 장난을 치기도 했습니다. 그런 모습을 뒤에서 어떤 할머니가 가만히 지켜보고 계셨습니다. 그리고는 어디 교회에서 왔는지, 저는 누군지 질문을 하시던군요.

"목사같이 생기지 않았어도 제가 목사구요. 할머니들을 괴롭히는 게 취미입니다. 죄송해요. 할머니들을 너무 괴롭혀서요" 하고 농담을 건넸습니다.

나중에 그 할머니는 아들 같은 일행에게 "저 교회는 어떻게 모두 가족 같나?" 하시더군요. 당신이 보기에도 할머니들과 편하게 지내는 우리들의 모습이 그렇게 나빠 보이지는 않았나 봅니다.

이번 설악산 여정에서 또 다른 제 사명 하나를 발견하고 돌아온 것 같습니다. 성도들을 사랑하다 보내 드리고, 사랑하다 보내 드리는 거 말입니다.

앞으로도 이런저런 이유로 교회 곁을, 제 곁을 떠나는 성도들이 있겠죠? 그래도 말입니다. 제 사명은 그저 사랑하고 아껴 주다 보내 드리는 겁니다. 저는 마음속에 서운함도, 안타까움도, 때론 속상함도 함께 있는 연약한 인간이지만. 목사의 또 다른 사명은 성도들을 사랑하다 보내드리는 거라고 해서 말입니다.

# 아니~! 뭐가 이상합니까?

지금 이 시대가 말세라는 것은 대부분의 사람들이 동의할 것입니다.

그런데 말입니다. 말세를 살면서도 성경이 말씀한 시대 징조를 보며, '지금 이런 세상의 모습, 사람들이 살아가는 모습이 성경 말씀을 따라 그대로 이루어지고 있구나' 하는 생각을 하기보다는 정상적이지 않은 세상의 모습, 사람들이 살아가는 모습에 안타까워하고 무슨 큰일이 난 것처럼 생각하는 듯한 모습에서 '때로는 뭐가 문제지?' 하는 마음이 들 때가 있습니다.

"순진하게 속아 넘어가지 마십시오. 힘든 시기가 다가오고 있습니다. 마지막 때가 다가오면 사람들이 자기만 알고, 돈을 사랑하고, 으스대기만 하고 하나님을 모독하고, 부모를 무시하고 버릇없이 굴고, 상스럽게 행동하고 죽기 살기로 경쟁하고, 고집을 부리고 남을 헐뜯고, 난폭하고, 잔혹하고 남을 비꼬고 배반하고 무자비하고, 허풍을 떨고, 정욕에 빠지고 하나님을 몹시 싫어할 것입니다. 겉으로는 경건한 척하지만 그들 속에는 짐승이 들어앉아 있습니다. 그대는 그러한 자들을 멀리하십시오" (딤후 3:1~5)

"노아의 때에 된 것과 같이 인자의 때에도 그러하리라 노아가 방주에 들어가던 날까지 사람들이 먹고 마시고 장가들고 시집가더니 홍수가 나서 그들을 다 멸망시켰으며 또 롯의 때와 같으리니 사람들이 먹고 마시고 사고팔고 심고 집을 짓더니 롯이 소돔에서 나가던 날에 하늘로부터 불과 유황이 비오듯 하여 그들을 멸망시켰느니라 인자가 나타나는 날에 이러하리라"(눅 17:26~30)

"예수께서 대답하여 이르시되 너희가 사람의 미혹을 받지 않도록 주의하라 많은 사람이 내 이름으로 와서 나는 그리스도라 하여 많은 사람을 미혹하리라"(마 24:4~5).

말세에 사람들이 자기를 사랑하고 돈을 사랑하고 쾌락 사랑하기를 하나님 사랑하는 것보다 더하다고 분명히 말씀하셨고, 말세에 사람들이 죄짓는 데 열정적으로 달려가기도 하지만 그것보다는 먹고 마시고 시집가고 장가가고 사고팔고 심고 집을 짓는 일상적인 삶에 매몰되어 살 것이라는 말씀도 하셨고, 말세에 신천지나 하나님의교회 등 이단들이 주님의 이름을 빙자해서 많은 사람들을 미혹하게 될 거라는 말씀도 분명히 하셨는데, 지금 이 시대가 성경이 말씀한 그대로 이루어지고 있는데, 우리가 황당한 일을 당한 것처럼 그렇게 부산스럽고 경망하게 움직일 필요가 있을까요?

지난 주일 우리 교회 백철용 장로님을 중심으로 브라더스 형제들이 주일 오후부터 월요일까지 교회 카페를 리모델링했습니다. 천장을 뜯어내고, 전기를 설치하고, 새로 페인트칠을 해서 교회 카페가 더 멋져졌습니다. 그런데 이런 시대에는 이런 브라더스 형제들이 비정상적이고 자기 이익을 위해 달려가는 사람들이 정상적인 사람들로 보이지 않나요? 도대체 뭐가 문제냐구요?

# 베드로의 그 밤, 오늘의 나

언젠가 다른 교회의 목회자들과 성도들이 함께 식사한 적이 있습니다. 전도에 대한 이야기가 나왔는데, 어느 교회 권사라는 분이 전도가 너무 부담스럽다는 것입니다. 다른 성도들은 다 전도해 오는데 자신은 전도할 대상이 없어 너무 부담되기 때문에 그런 날은 교회를 가지 않는다는 말을 너무 쉽게 해 듣는 사람들을 당황시킨 적이 있습니다.

교회에서 아무리 전도에 대해 말하더라도, "너희를 향하여 피리를 불어도 너희가 춤추지 않고 우리가 슬피 울어도 너희가 가슴을 치지 아니하였다 함과 같도다"(마 11:17)라는 말씀처럼 전혀 반응하지 않는 냉담한 시대가 벌써 되었 구나 싶었기 때문입니다.

주님이 잡히시던 밤에 베드로의 모습을, 성경은 "베드로 가 예수를 멀찍이 따라 대제사장의 집 뜰 안까지 들어가서 아랫사람들과 함께 앉아 불을 쬐더라"(막 14:54)라고 기록 하고 있습니다.

주님이 "너희가 다 나를 버리리라" 하시자, "다 주님을 버릴지라도 나는 그리하지 않겠나이다", "내가 주와 함께 죽을지언정 주를 부인하지 않겠나이다"(막 14:27~31)하고 말했던 베드로는 주님이 잡히시던 그날 밤, 예수님을 '멀찍 이' 따랐다고 성경은 기록하고 있는 것입니다.

주님이 잡히자 베드로는 주님을 가까이 따르기에는 너무 위험하고 부담스럽다고 생각했을지 모릅니다. 군인들은 검 과 몽치를 들고 군호를 짜 예수님을 잡아 단단히 끌어갔고, 예수님은 비참한 상태로 조롱당하고 멸시당하고 있는 모습 이었기 때문입니다.

그날 밤 베드로는 주님을 멀리하기에는 '양심'이 괴로웠 을 것입니다. 다른 사람들이 다 예수님을 버릴지라도 자신 만은 절대 그리하지 않겠다고 말했고, 죽더라도 옥에도 같이 가겠다고 큰소리 친 베드로였기 때문에 그렇게 하지 못하는 자신의 모습은 비참했을 겁니다.

베드로가 '멀찍이' 따라가기로 선택한 것은 예수님을 가까이하기에는 위험하고 부담스럽고 멀리하기에는 양심이 괴로웠기 때문일 것입니다.

예수님을 멀찍이 따른 베드로는 예수님의 수제자임에도 불구하고 결국 주님을 알지도 못하는 사람에게 조롱당하는 처지가 되어 버렸습니다. 베드로의 그날 밤… 주님을 멀찍이 따르던 그 밤에 말입니다.

130년이 되어 가는 한국 교회가 지금 세상 사람들에게 조롱당하고 무시당하는 게 주님을 멀찍이 따른 결과가 아닌가 하는 생각이 새삼 듭니다. 저만 그런 걸까요?

아예 얼굴에 철판을 깔고 강철 심장으로 무장해서 "교회에서 어떤 말을 해 봐라. 내가 반응하나" 하는 마음으로 교회 생활 하는 게, 나의 모습은 아닐까요? 피리를 불어도 춤추지 않고, 슬피 울어도 가슴을 치지 않는다는 주님의 말씀이 새삼 다가오는 요즘에, 순전한 믿음을 갖고 주님과 교회를 섬기는 분들이 혹 보이게 되면, 그렇게 감사할 수가 없습니다.

  바리새인 사두개인처럼 꾸미고, 위선 떨고, 때로는 이중인격처럼 보이는 나지만, 주님을 진실하게 섬기려는 작은 '마음의 끈'을 절대 놓지 않는 내가, 우리들이 되었으면 좋겠다는 작은 소망을 가져 보는 시간입니다.
  "주여~ 우리를 도우소서~"

# 잔디 깎기 부모

교사세미나를 인도할 때 보여 주는 영상 중 '잔디 깎기 부모'에 대한 내용이 있습니다. 영상을 보면 미국 명문대에 입학한 자녀들 중 자살하는 학생들이 많아 연구를 시작했다고 합니다.

이 학생들 중 대부분은 부모가 잔디를 깎으며 돌이나 나무를 치우는 것처럼, 아무 장애물도 없는 길을 대학 입학 때까지 걸어왔습니다. 그런데 막상 대학에 입학하면 없던 장애물들이 생기고 한 번도 겪어 보지 못한 일들을 겪게 된다는 것입니다.

교우관계의 어려움, 학업의 어려움, 혼자 부모를 떠나 생활하는 어려움 등 홀로 겪어 내야 할 일들을 만나게 되면 그것을 이겨 내지 못하고 그만 삶을 마감하고 말더라는 내용입니다.

사도행전 1장 4~5절에 "사도와 함께 모이사 그들에게 분부하여 이르시되 예루살렘을 떠나지 말고 내게서 들은 바 아버지께서 약속하신 것을 기다리라, 요한은 물로 세례를 베풀었으나 너희는 몇 날이 못 되어 성령으로 세례를 받으리라 하셨느니라"고 기록돼 있습니다.

제자들에게 있어 예루살렘은 예수님이 죽은 장소, 제자들을 위협하고 있는 장소, 제자들이 문을 닫고 숨어 있었던 장소, 제자들이 피하고 싶은 장소였을 것입니다. 그런데 주님은 "예루살렘을 떠나지 말라"라고 하십니다. 성령의 임하심은 그런 어려움, 고난, 시험에 담대히 맞서는 사람에게 임한다는 말도 됩니다.

지금 이 시대는 신앙생활 한다고 핍박받는 세대도 아닙니다. 조금만 교회가 추위도 춥다고 난리, 여름에 조금만 더워도 주보로 연신 부채질 하며 예배드리는 성도들이 많은 세대입니다. 세상에서 교회에 대해 이런저런 말로 비판을 해대도 그것에 대해 분명한 신앙관과 교회론을 가지고 묵묵히 믿음의 길을 걷는 사람들을 보기 힘든 세대입니다. 교회와 목회자와 동역해서 열심히 충성하다가도 이간질하거나, 옆에서 뭐라 하면 그 사역을 내려놓는 성도들이 꽤 되기도 하는 세대입니다.

편하고, 아무 일이 없고, 안전한 일상에 너무 익숙해 져서 조그만 어려움도 회피하고 싶은 교회와 목회자, 성도들이 되어선 안 됩니다. 일부러 어려움을 찾아다닐 필요는 없겠지만, 믿음의 길을 걷다가 만나게 되는 여러 가지 어려움에 담대히 맞서는 믿음이 필요한 세대 아니겠습니까?

"사람이 감당할 시험밖에는 너희가 당한 것이 없나니 오직 하나님은 미쁘사 너희가 감당하지 못할 시험 당함을 허락하지 아니하시고 시험 당할 즈음에 또한 피할 길을 내사 너희로 능히 감당하게 하시느니라"(고전 10:13)

우리는 주님의 말씀을 믿습니다. 어려움과 고난 속에서 반드시 피할 길과 감당할 힘으로 우리를 도우십니다. 고난

이 없으면 사실 간증도 없습니다. 약은 세대, 편안함만을 추구하는 세대에서 주님과 함께 멋진 파도타기를 할 수 있는 교회, 신앙인이 되는 것이 바로 우리가 가야 할 길 아닐까요?

# 참새 리더십

오랜 친구 목사에게 전화가 왔습니다.

"밥 한번 먹을래?"

그 친구는 그런 말을 쉽게 하는 성격도 아니고, 뭔가 제게 할 말이 있을 거라는 생각이 들어 "그러자" 하고 부부끼리 만났습니다. 100년 가까이 된 교회의 담임인 그 친구는 우리 중에서 가장 공부를 잘했습니다. 사법시험을 준비하다 부르심을 받고, 장로교 신학대학원으로 진로를 바꿨었습니다.

식사 후 카페로 옮기자마자, 가슴속 울분을 토해 내듯 말했습니다. 이유인즉 그 교회 장로님과 약간 서운함이 있었던 모양입니다. 어느 날 그 장로님이 전화를 걸어 만난 자리에 옆엔 사모님도 계셨는데, 지난 7년 동안 자기가 서운했던 내용들을 메모해 와선 한 시간이 넘도록 조목조목 말하더랍니다.

"아니~ 그 말을 끝까지 듣고 있었어?"

"응. 그냥 다 들었어~"

"아~ '그냥 됐습니다~ 여기까지 하세요' 하고 자리를 박차고 나와버리지!"

제 속에서 얼마나 화가 나던지요. 그 장로님과 만나고 온 저녁 잠자리에 들었는데 천불이 나더랍니다. 설교 시간마다 마주 대해야 하는 장로님은 아무것도 아닌 척, 매번 설교 시간마다 눈감고 앉아있고, 주님이 원수도 사랑하라 하셨는데, '그 장로님과 밥 한번 먹을까?' 생각하다가 밥 먹으면 체할 것 같고, '커피라도 마실까?' 하다가도 너무 불편할 것 같아 힘들다구요. 자기는 아무 말도 못 하고 낑낑거리고 있는데, 교회에 오래 몸담아 온 그 장로님은 뒤에서 또 이 사람 저 사람을 만나고 다니며 이말 저말 한 내용이 들려오는데 어떻게 해야 하냐구요?

담임목사의 리더십은 '참새 리더십'입니다.

"우리 목사님은 돈 많은 사람만 좋아해~", "우리 목사님은 자기에게 잘해 주는 사람만 좋아해~", "우리 목사님은 이쁜 여자만 좋아해~", "우리 사모님이 입고 다니는 옷이 어떤 옷인지 알아? 성도들의 헌금으로 그런 옷을 입고 다녀~"

교회에 잠입한 신천지 교인이나, 부정적인 사람 한두 명이 이런 말만 하고 다녀도, 그 말을 들은 미숙한 성도는 설교 시간에 마음이 닫히고 말거든요. 목회자를 보는 눈이 '에이~ 돈 많은 성도만 좋아하는 목사가 뭐…' 하는 거지요.

참새가 전깃줄에 앉아 있는데, 뭔가가 그 전깃줄을 흔들어 버리면 그 참새는 날아가 버리고 맙니다. 사실 영적인 사역은 한순간이기도 합니다. 어제까지도 "우리 목사님~" 하다가도 자기 마음에 조금 불편한 게 있으면 얼굴이 확! 바뀌게 되는 게 성도거든요.

바울이 시무했던 겐그레아 교회의 여집사 '뵈뵈' 같은 동역자 한 명만 곁에 있어도, 목회자는 그게 그렇게 힘이 나는 법입니다.

"내가 겐그레아 교회의 일꾼으로 있는 우리 자매 뵈뵈를 너희에게 추천하노니 너희는 주 안에서 성도들의 합당한 예절로 그를 영접하고 무엇이든지 그에게 소용되는 바를 도와줄지니 이는 그가 여러 사람과 나의 보호자가 되었음이라" (롬 16:1~2)

한국 기독교 130년이 지나면서 교회의 전통도 생기고, 오래 다닌 성도들도 교회에 있습니다. 목회자들이 소신껏 목회하도록 돕는 교회, 바울의 동역자 '뵈뵈'와 같은 성도들이 그래도 우리 목사들 곁에 몇 명은 늘 있는 목회환경이 되었으면 정말! 정말! 좋겠습니다.

# 너 군대 가면 나 목회 접으련다

인천에 있는 보증금 500만원에 월세 30만원, 성도 7명, 그마저도 월세 10개월을 못 낸 개척교회가 있었습니다. 하루는 그 건물주인이 담임목사님 아들에게, "야~ 니네 하나님은 거지 하나님이야~"라고까지 했답니다.

그 담임목사님의 아들이 군대에 가게 됐습니다. 사실 아들이 일을 해서 살림에 보탰는데 군대에 가니 살림이 더욱 어려워지고 상심한 아버지는 아들에게 "휴우, 이제 너 군대 가면 나 목회 접으련다"라고 말씀하셨다죠.

이 말을 듣고 너무 마음이 아팠던 아들은 입대 3일 전, 어린 시절 목회자 자녀 세미나에서 원천교회 문강원 목사님의 강의를 들은 인연밖에 없었지만 '문 목사님이라면 도와 주시겠지' 하는 지푸라기라도 잡는 심정으로 무작정 서대문에 있는 문 목사님을 찾아온 겁니다.

"목사님~ 저는 인천에 있는 개척교회 목사의 아들입니다. 우리 아버지가 목회 계속할 수 있도록 제발 도와주세요" 하며 사정 이야기를 하더라나요.

참~ 단순한 문강원 목사님은 주일날 설교 시간에 이 이야기를 하고 성도들에게 도움을 구했습니다.

"그런데 목사님~ 우리가 믿는 하나님은 정확한 하나님이시던데요. 그날 몇몇 성도들의 마음이 봉투에 담겨서 왔는데요~ 그 돈이 얼만 줄 아세요? 딱 지난 월세 밀린 거, 군대 다녀올 때까지 낼 수 있는 월세더라구요."

시간이 제법 지나고 문강원 목사님도 그 일을 잊고 살았답니다. 그런데 어느 날 그 아들이 다시 찾아왔습니다. "목사님~ 보세요, 좋은 소식입니다."

그 아버지 목사님은 그 아들이 전해 준 소식을 듣고 다시 일어서기 시작했다네요. 교회가 서서히 부흥하기 시작해 좋은 건물로 이사도 했고, 스타렉스 새 차도 한 대 뽑은 겁니다. 그 차를 핸드폰에 담아와 문강원 목사님에게 보여 주며 한껏 자랑을 하더랍니다. 그리고 슬며시 내민 봉투에는 50만 원이 담겨 있었답니다.

"아바, 아버지! 아바 아버지~ 나를 안으시고 바라보시는 아바 아버지~ 나를 도우시고 힘주시는 아버지~ 주는 내 맘을 고치시고 볼 수 없는 상처 만지시네~ 나를 아시고 나를 이해하시네 내 영혼 새롭게 세우시네~"

문강원 목사님이 하시는 말을 듣는데, 이 노래가 그저 슬며시 흘러 생각나더라니까요. 요즘 시대에 목사님 아들이라고 그 청년처럼 목회를 걱정해 주는 자녀가 얼마나 되겠습니까? 그렇게 어려운 형편이면 자기 처지를 비관하거나 부모를 원망하게 되는 경우들도 있을 텐데요. 그 따뜻한 마음이 그냥 좋아 보이구요, 처음 찾아온 개척교회 목회자 아들의 말만 믿고 마음에 감동이 오는 대로 함께한 문강원 목사님도 좋아 보이구요. 사실 도와 달라는 대로 다 도와주면 교회 팔아야 할 거거든요.

기독교가 욕먹는 이 시대에도 아직 이런 마음을 가진 사람들이 있어서 그나마 버팀목이 되는 것 같은 날입니다.

# 낭만목사 김 목사

"봤냐? 이게 의사라는 사람이다~"

〈낭만닥터 김사부〉 마지막회에서 한석규가 당차게 외치는 대사입니다. 누군가는 태어나고 누군가는 삶을 끝내는 인생의 축소판 돌담병원에서 평범한 듯 특별한 하루하루를 살아가는 이야기, 그곳에도 기득권이 있고, 권모술수가 있고, 돈이 있고, 사랑이 있습니다. 사명대로 환자들과 만나는 그런 최전선에서 때로는 의사의 무게도 느끼고, 고통도 느끼고 갈등도 하지만 "이게 의사다"라고 외치는 낭만닥터의 이야기였구요.

"목사 냄새가 나질 않아요~"

지금은 은퇴하신 목사님이 언젠가 우리 목회자 대여섯 명이 모였는데, 한 목사님을 향해 말씀하신 내용입니다. 옷차림, 언어, 분위기, 태도 등 여러 가지 면에서 목사의 냄새가 나야 하는데, 그분은 목사답지 못하다는 말씀을 가슴 깊이 묻어 두었다가 아주 어렵게 말씀하신 적이 있습니다.

몇 해 전 필리핀 가는 비행기 안, 아직 출발은 안 했지만, 곧 출발하려고 하는 순간 누군가가 뒤에서 "목사님~" 하고 불렀습니다. 저를 포함해 대충 7~8명의 사람들이 뒤를 돌아보더군요.

이 시대 흔한 게 목회자이고, 매스컴에서 불편한 모습으로 자주 오르내리는 게 목회자 이야기입니다. 목회자의 세금이 어떻고, 성추문이 어떻고, 어떤 말실수를 하고, 세습이 어떻고…. 지금 이 시기에도 매스컴을 비롯한 여러 매체에서 우리 목회자들의 치부가 오르내리고 있습니다.

개인주의, 이기주의, 물질주의, 약육강식, 기회주의가 판을 치고 돈이 최고라고 하는 이 땅에서 목회자로 살아간다는 건 어떤 의미일까요? 한 목회자에게 쏠린 눈들이 너무 많아 때로 부담스럽기도 하고, 하나님의 말씀을 알지만 그대로 순종하며 사는 게 때로는 버겁게 느껴지기도 합니다. 기도를 말하지만 여러 가지 사역에 바쁜 나머지 기도하는 시간을 잃어버리기도 합니다. 남들에겐 이렇게 살라고 말은 잘하지만 연약한 육체를 가진 한 목회자는 자신과 힘겨운 싸움을 할 때도 있습니다.

요즘은 목회자 인기가 예전만 못해서 신학교도 미달 된 곳들이 여러 곳 있다고 하지요. 매스컴에선 목회자를 존중하는 단어는 실종된 지 오랩니다. 세상에서 목회자는 무슨 사회에 기생하는 기생충처럼 느껴지게 말하기도 합니다. 목사가 이 세상에서 할 일이 없어 하는 또 다른 직업처럼 느껴지게 만들기도 합니다. 성도들의 입에서 제일 쉽게 오징어 씹듯이 비판되는 때도 있습니다. 그럼에도 불구하고 말입니다. 부르심을 따라 이 길을 걷는 목회자들이 대부분입니다. 소리 내어 말하진 못해도, 때로는 그 목사라는 단어가 주는 부담감에 허우적거릴 때도 있지만, 그래도 이 길을 걸어야 하는 사명을 가진 목사님들이 아직 많이 있음을 봅니다.

이 세상에서 "봤냐~ 이게 목사라는 사람들이 가는 길이다" 하고 외치며 부르심을 따라 걷는 그 목사님을 응원합니다. 낭만목사! 김 목사님 말입니다.

# 내게 전화하지 마세요

우리 교회 부교역자로 있다가 다른 교회 부교역자로, 담임으로 부임한 목사들이 있지만 개척한 목사들도 있습니다. 우리 교회가 형편이 안 될 땐 어려웠지만 차츰 부흥하며 형편이 나아졌을 때 당회와 의논해서 10년 이상 우리와 함께하다가 개척을 시작하는 목사님들에게 퇴직금 5천만 원, 카니발 한 대를 지원했습니다. 한 분은 2년 동안 매달 200만 원, 또 한 분은 월 200만 원씩 3년을 지원하고 있습니다.

마지막 만남의 자리에서 제가 "전화하지 말라"는 말을 하는데요. 지금까지 전화가 걸려온 적도 없지만, 만약 전화가 왔어도 저는 받지 않았을 겁니다.

저도 개척한 목사이지만, 사실 이 땅에서 개척교회를 시작하려면 어쩔 수 없이 온 가족을 저당잡고 시작합니다. 1990년대 말 한국의 개척교회 중 재정적으로 완전히 자립한 교회는 전체의 24.4%에 불과했고, 평균 개척자금은 9천만 원 정도였습니다. 개척한 지 얼마 되지 않아 평균 7명 정도가 되고, 6개월이 지나면 15명으로 늘어나고, 개척 1년 후에는 24명, 개척 2년 후에는 34명으로 늘어나지만, 개척 3년 후에는 다시 32명으로 하락하게 되는 게 일반적인 교회 개척의 패턴이라는 연구도 있습니다.

코로나를 지나면서 지금의 통계는 이것보다 더 어려울 겁니다. 보통 개척 후 3년 즈음이면 교회가 자립으로 가느냐, 정체 되거나 후퇴하느냐가 결정된다 하더라구요.

교회 개척! 저는 뭔지도 모르고 그냥 어쩌다가 시작했습니다. 39평의 작은 개척교회인데도 텅 비어 보이는 예배당에 아내와 3살짜리 딸을 앉혀 놓고 설교해야 하는 개척교회 목회자의 심정을 아시는지요?

매달 월세와 함께 할부로 구입한 여러 물품 때문에 300여만 원이 지출되어야만 하는데, 월 100만 원 정도의 헌금만 들어올 때 '아~ 개척 1년이 지나 자립하지 못하면 교회 문을 닫아야 하는 게 바로 이거구나' 하는 심정을 아시는지요?

그렇게 어려울 때 개척교회 목회자인 나를 살린 건, 누구의 도움도 없이 주님 앞에 도와 달라고 엎드려야만 되는 현실이었습니다. 내일을 기약할 수 없는 막막한 현실이었고, 어느 금요일 밤 심야 기도회는 아내도 나올 형편이 못돼, 홀로 금요기도모임을 해야 하는 처지도 있었습니다. 기독교백화점에서 기도원 음악만 나오는 테이프를 틀어놓고, 혼자 눈을 뜨면 불안해서 차라리 눈을 감고 목소리 터져라 찬송을 해야 하는 시간이었지만 홀로 찬양하다가 얼마나 은혜가 되는지요!

개척을 나가는 목사님들에게 "내게 전화하지 말라"라고 부탁하는 건, 오직 주님만 붙들고 목회해야 한다는 당부이기도, 저는 예수님이 아니기에 더 이상 저나 우리 교회가 보이면 안 된다는 것을 알기에 부탁하는 것이었습니다. 어느 때라도 주님만을 의지하는 자를 주님이 결코 외면하지 않으심을 믿기 때문이기도 하구요.

목회요? 때로 외롭습니다. 그렇지만 그 외로움의 시간에 주님만을 바라볼 수 있다면 분명 은혜 체험을 할 수 있을 겁니다. 주님은 시퍼렇게 살아 계시거든요.

# 별에서 온 그대

지금 중국 선교는 굉장히 힘든 상태랍니다. 사실 코로나 전에도 어려웠지만, 지금은 더욱 어렵고 힘든 시간을 보내고 있다네요. 제 친구이자 안성 명성수양관 원장인 백대현 목사님은 중국 항주 지도자들을 집중적으로 교육하는 프로그램으로 여러 해 섬기고 있는데요, 백대현 목사님이 오래전, 중국 항주를 다녀와서 제게 들려준 간증입니다.

사연인즉 그곳에 도착해서 아침부터 저녁까지 집중적으로 강의하는데, 통역하는 집사님이 "목사님! 상담 드릴 게 있습니다" 하더라나요? 어렵게 말문을 연 집사님은 지도자들을 통역하는 사명이 있긴 하지만, 중국에서 진행하는 사업이 힘들어져 한국에 다시 들어가야 한다고 하는 것이었습니다.

백대현 목사님은 통역하시는 분에게 "이 지도자들을 보세요. 강의를 듣겠다고 대부분 10시간 이상 버스, 기차를 이용해서 참석하신 분들이고 몇몇 분은 20시간 넘게 달려온 분들입니다. 그리고 이 한 분의 지도자에게 적게는 몇십 명부터 많게는 몇백 명까지 성도들이 있지 않습니까? 그러니 집사님 사정도 알겠지만, 이분들을 생각해 한국에 돌아가시는 건 다른 통역 가능한 분이 오실 때 돌아가시면 어떨까요?" 했습니다. 다행히 그 통역 집사님은 고마운 마음으로 백 목사님의 제의를 받아들였구요.

그다음 해 백 목사님이 강의하러 갔더니 여전히 그 분이 통역을 하고, 싱글벙글한 얼굴로 우리나라 돈으로 100만 원이 넘는 식사를 사시더랍니다. "돈벼락이라도 맞으셨어요?" 했더니, "네 목사님 맞습니다! 돈벼락 맞았어요~" 하며 간증을 했습니다.

백대현 목사님과 상담 후 다른 통역할 분이 올 때까지 먹고살 길은 찾아야 해서, 우리나라 동대문에서 한국 옷을 사다가 파는 옷가게를 시작했답니다. 그쯤 김수현, 전지현이 주인공으로 나온 〈별에서 온 그대〉가 중국 전역에 히트를 치며 방영되었구요. 전지현이 입었던 옷 비슷한 것, 김수현이 걸쳤던 옷 비슷한 것만 있어도, 가게 앞에서 줄을 서서 옷을 사가더랍니다. 나중엔 선글라스부터 신발, 코트, 한국 글자만 비슷하게 있어도 물건이 도착하는 즉시 다 사라져 버리는 마술 같은 일이 벌어졌구요.

그 많던 빚도 금방 갚아 버리고, 재정적으로 굉장히 여유로운 삶이 되었다며, 감사하다고, 목사님이 통역하는 분 오실 때까지만이라도 버텨 달라고 말씀하지 않으셨으면 그냥 한국으로 들어갔을 거라고, 덕분에 이렇게 살게 됐다고 하더랍니다. 그 말을 들으면서 백 목사님은 멋진 하나님을 찬양하지 않을 수 없었다나요.

"이 목사님~ 이번 선교에서 나는 '믿음으로 사는 자를 위로하시는 하나님!'을 볼 수 있었어요" 하고 울컥하며 간증한 내용입니다.

코로나로 다 어렵다 하고, 막연한 불안감이 우리를 사로잡고 있는 지금 이 시기에도 우리는 환경의 지배를 받기 이

전에 하나님의 인도를 먼저 생각하는 '믿음의 선택'을 하는 삶을 살아야 하지 않을까요?

# 나는 목사님을 규탄합니다

우리나라에서 굉장히 실력 있는 신학자이자 목회자이신 목사님이 계십니다. 이 목사님이 신학교에서도 바쁘게 가르치고, 교회 사역도 충실히 하시다가, 신학교 방학이 되면 이곳저곳 와 달라는 곳에서 단기 특강으로 선교사님들이나 각 나라 지역 지도자들을 훈련시키는 것으로 당신의 사명을 감당하곤 했습니다.

언젠가 중국에서 10시간 넘게 걸려 오는 중국 목회자들 50여 명에게 월요일 아침 8시부터 금요일 밤 10시까지 단기 특강을 하시고 오셨습니다. 통역은 조선족 신학생이 감당해 줬구요. 이곳저곳에서 신학적 지식을 공부하겠다고 버스와 기차를 몇 번씩 갈아타고 온 중국 지역지도자들이 공부하면서 먹은 식사비도, 멀리 힘들게 왔지만 돌아갈 때 조금씩 쥐여 주는 차비도, 특식으로 몇 번 먹은 음식값도 이 목사님이 다 감당하셨습니다. 공항에 배웅하는 자리에서 마지막으로 입던 점퍼도 통역한 조선족 청년에게 벗어 주고, 집에 돌아오니 주머니에 3천 원 남더라나요.

문제는요?

그다음 주 제직회 때 그 교회 집사님이 갑자기 "나는 목사님을 규탄합니다. 50만 원이면 충분히 갔다 올 중국을 300만 원이 훨씬 넘게 쓰고 온다는 게 말이 됩니까?" 했구요. 갑자기 교회 분위기가 싸해지고 말았습니다.

"이 목사님! 근데요~ 제가 서운한 건 그 집사님의 말도 있지만, 더 서운한 건 제가 세운 권사님들, 장로님들이 제 편을 들지 않는 거였습니다. 그 집사야 원래 그런 사람이어서, 우리 교회 성도들 대부분은 다 알고 있거든요."

"그런 말을 하는 그 시간, 장소에서 '○○○ 집사님, 무슨 말씀이세요? 우리 목사님이 그런 분으로 보이세요? 선교로 힘들게 다녀오신 걸 그런 싸구려 여행경비와 비교해요?' 하고 말하지 않는 거였습니다" 하시며 목사님은 우울해하셨습니다.

계산 잘하고 영악해지는 성도들이 점점 교회에도 많아지는 것 같은 요즘입니다. 코로나 핑계는 대지만 교회마다 코로나 이전 예배에 참석했던 성도들이 많이 보이지 않구요. 온라인 예배가 훨씬 편안해 보이지만, 그건 공동체성을 파괴하는 것이거든요. 온라인 예배는 비상시에 사용한 것입니다.

"모이기를 폐하는 어떤 사람들의 습관과 같이 하지 말고 오직 권하여 그날이 가까움을 볼수록 더욱 그리하자"(히 10:25)

"은혜를 잃지 않는 그리스도인 될 수 있도록 주님 도우소서." 우리가 기도해야 할 제목입니다.

"영악하고 계산 잘하는 그리스도인이 아니라, 차라리 거룩한 바보가 되게 하옵소서. 이 땅에서 예루살렘 성에 들어

가시면 죽는다는 사실을 알면서도 어린 나귀를 타고 묵묵히 그 길을 걷던 주님의 심정을 조금이라도 우리가 가질 수 있도록 도우소서."

# 깡통 찌그러트리기

첫 번째 교회 부교역자로 시무할 때 일입니다. 담임목사님이 워낙 바쁘셔서 목회자 모임에 자주 나가지 못하곤 하셨습니다. 언젠간 너무 미안했던지 제게 대신 목회자 모임에 참석해 달라 말씀하셔서, 전도사 신분으로 목사님들의 모임에 참석하게 되었습니다. 모임이 끝난 후 주최한 교회에서 준비한 식사 시간이었는데 어디선가 이런 말이 들려왔습니다. "집사님! 여기 맛있는 거 많이 주세요. 어려운 교회 목회자들은 이럴 때 목에 때를 벗겨 놓아야 됩니다."

워낙 큰 소리로 외치시는 분이 계셔서, '저렇게 말하는 분도 있구나' 하고 생각한 적이 있습니다.

그 교회를 떠나 개척하며 정신없이 시간을 보내고 10년 정도 지났을 때였습니다. 첫 번째 교회의 담임목사님으로부터 전화가 왔습니다. "교회를 새로 건축하고 입당예배를 하는데 이찬용 목사가 와서 헌금기도를 해 줬으면 한다"는 부탁이었고, 저는 감사한 마음으로 참석했습니다.

모든 예식이 끝나고 교회에서 준비한 식사를 하는 어수선한 분위기, 어디선가 귀에 익은 목소리가 들려왔습니다.

"집사님! 여기 맛있는 거 많이 주세요. 어려운 교회 목회자들은 이럴 때 목에 때를 벗겨 놔야 합니다."

하도 귀에 익은 목소리에 자연스럽게 눈이 그곳을 향했는데 옛날 그 목사님이었습니다. 십수 년이 지나도 똑같은 목소리 톤으로 같은 소리를 하고 있었습니다.

개척교회 목회 병법 중에 "깡통을 찌그러트려 버려라"라는 말이 있습니다. 옛날 거지들이 동냥하러 다닐 때 깡통을 들고 다니며, 이 집 저 집에서 동냥을 했었는데요.

개척교회 목회를 하면서 이 사람 저 사람에게 기웃거리려고 하는 여지를 아예 없애 버리라는 말입니다. 개척교회 목회자에게 누군가 도움을 줄 사람이 옆에 있으면, 주님을 보지 못하고 사람을 자꾸 의지하게 되기 때문에 그런 말이 나온 것 같구요.

목회를 하다 보면 평균적으로 늘 주는 사람이 주고, 늘 받기만 할 줄 아는 사람이 받기만 하는 것을 보곤 합니다.

성경은 "주 예수께서 친히 말씀하신 바 주는 것이 받는 것보다 복이 있다 하심을 기억하여야 할지니라"(행 20:35), "주라 그리하면 너희에게 줄 것이니 곧 후히 되어 누르고 흔들어 넘치도록 하여 너희에게 안겨 주리라 너희가 헤아리는 그 헤아림으로 너희도 헤아림을 도로 받을 것이니라"(눅 6:38)라고 말씀합니다.

우리는 이 말씀을 기억하고 순종할 수 있어야 합니다.

이 글을 읽는 그대는 주는 쪽이 강한가요? 받는 쪽이 강한가요? 올해는 얼마나 주고 사셨는지요? 혹 '주려고 해도 없어서 줄 수가 없습니다!' 하는 마음은 아닌지요? 주는 것이 물질이기도 하지만, 마음도, 따뜻한 미소도, 격려의 말도 주는 것에 포함됩니다. 정말 없으면 없는 대로 따뜻한 차 한 잔이라도 누군가에게 주지 못하겠습니까.

손해 보기 싫어하고 야박한 시대에 마음을 내어놓고, 누군가에게 따뜻한 말 한마디, 자그마한 정성을 줄 수 있다면, 그것 또한 주님 말씀에 순종하는 거 아닐까요?

우리는 깡통을 찌그러트려 버리며 살 수 있다는 것을 기억해야 합니다. 주 예수님이 친히 말씀하셨어요. "주는 자가 받는 자보다 복되다"라고. "내 믿음만큼 형편만큼 주며 살 거야"라는 마음도요~

# 지하 3층

"아빠는 이렇게 주차할 공간이 많은데, 3층까지 내려가세요?"

언젠가 일찍 집에 들어갈 일이 있어, 공간들이 많았는데도, 굳이 지하 3층까지 내려가는 저를 보며 제 딸이 한 말입니다. 사실 언젠가부터 지하 3층이 제 주차공간이 되었습니다.

어느 날 새벽기도에 나왔는데, 제가 몇 층에 차를 주차했는지를 몰라서 한참이나 오르내리며 헤맸거든요. 제 차 키가 버튼을 누르는 게 아니고 카드키라 더욱이 차를 어디 뒀는지 모를 땐 헤매겠더라구요. 결국 새벽기도 몇 번 늦고,

그런 일이 몇 번 반복되고 난 후 지하 3층을 제 주차공간으로 정해 놓고, 새벽기도 나올 땐 무조건 3층으로 내려오면 됐습니다. 지하 3층엔 제 차가 있고, 어디다 두었는지 생각이 나지 않더라도 헤맬 시간을 최소한으로 줄였기 때문에 마음도 편해지구요.

핸드폰을 손에 들고 '핸드폰이 어디 있지?' 하면 건망증이구요. 핸드폰을 손에 들고도 '이 물건 무엇에 쓰는 물건인고?' 하면 치매 증상이라고 하더라구요. 전화기를 냉장고 냉동고에 넣어 두었다 잃어버린 줄 알았다가, 나중에 찾았다는 성도, 아기에게 감기 가루약을 타서 먹이려고 가 보니 가던 도중 자기가 먹어 버렸다는 엄마, 엘리베이터 앞에서 열쇠 구멍을 들이밀었다는 성도, 백화점에서 아기와 쇼핑하고 아기를 유모차와 함께 백화점에 두고 물건만 갖고 왔다는 성도. 이런저런 일들을 웃고 듣기만 하다가, 이젠 제가 그 입장이 되어 버렸습니다.

인간의 뇌는 20대를 고비로 점차 퇴행해서 나이를 먹음에 따라 뇌세포도 점차 위축되고, 한 번 파괴된 뇌세포는 다시 재생되지 않는다고 하구요. 은혜로우신 하나님은 이런 우리 인간을 위해 다행스럽게도 우리들에게 상상할 수 없을 만큼 뇌세포를 많이 만들어 주셔서 나이 변화에 따르는 감소로는 일상생활에 별 지장이 없게 하셨다고 하더라구요.

언젠가 노(老)권사님이 아프셔서 괜찮으시냐고 여쭸더니, "목사님~ 나이가 들면요 아픔 하고도 친구할 줄 알아야 하는 거래요. 지금까지 내 몸이 그래도 지탱해 줘서 이 세월을 살았는데요, 마음도 몸도 스스로 다독이며 '괜찮다~ 괜찮다~' 해야 되구요, 건강을 지키려고 애쓰기보다는 건강해야 하지만 마음도 몸도 살살 달래가며 쓰는 거래요. 제가 지금 그렇게 살고 있답니다~" 하시며 웃으시던 일이 있었습니다.

30대 초반에 개척해서 이제 27주년이 되었습니다. '어~' 했는데 벌써 이만큼 왔네요. 꼬마였던 친구들이 결혼해서 가정을 이루고, 자녀들이 태어나고, 언젠가 제 곁에 있을 것만 같았던 권사님들도 한 분 두 분 제 곁을 떠나 주님께로 가는 동안, 저는 그냥 행복하게 시간만 보냈던 것 같습니다.

집으로 가서 차를 주차할 때마다 '지하 3층'을 반복하며 내려가는 게 제 자신도 세월을 이기지 못하고, 우리 선배들이 가시던 그 길을 따라가는 중이고, 하나님을 향해 가는 중일 겁니다.

지금 저는 지하 3층으로 주차하러 갑니다.

# 하나님의 음성을 처음 듣던 날

20대 나의 삶은 잿빛이었습니다. 아버지의 사업실패, 어린 동생들을 책임져야 하는 삶, 막연한 미래, 조그마한 출구라도 보이면 실낱같은 희망의 끈이라도 붙잡을 수 있을 텐데 그 어느 것도 없던, 어느 토요일 오후 제 마음에 막연하게 "기도가 하고 싶다!"라는 마음이 들어 태어나 처음으로 집에서 일곱 여덟 정거장쯤 떨어진 곳에 있는 기도원에 갔습니다. 기도원 집회에 참석한 것이 아니라, 기도할 수 있는 방석 비슷한 것 하나 들고 산으로 올라간, 그곳에서 주님이 저를 만나 주셨습니다. 제 얼굴 모든 구멍에선 다 물이 나오더라구요. 눈, 코, 입, 제 모양새는 흉했을지 몰라도 제 마음은 하늘을 날았습니다. 만물이 새롭게 보였습니다. 나뭇잎 하나도 제게 "안녕" 하고 인사하는 듯했구요. 저는 이때부터 본격적으로 신앙생활을 하기 시작했습니다.

그 이후 청년부 부장선생님과 매주 토요일 밤 9시쯤이면 그 산에 올라가 기도를 하기 시작했습니다. 매주 다니니 익숙해진 11월 말쯤 혹 12월 초쯤 아직 첫눈이 오지 않은 토요일 저녁, 여느 때와 마찬가지로 산을 향했구요. 부장선생님은 밑에서 기도를 시작했고, 저는 좀 더 올라가 바위틈에 자리를 잡고 기도하려는데, '무서움'이 예고도 없이 갑자기 제게 찾아왔습니다.

마침 그날은 하늘에 별도 달도 없는 날이었고, 그 산엔 조명도 없었기에 사실 눈을 감으나 뜨나 별 차이가 없을 정도로 앞이 잘 보이지 않는 날이었습니다.

밑에선 부장선생님이 "주여~!" 하고 외치며 기도하고 계셨지만, 무서움에 사로잡혀 떨고 있는 저는 기도를 할 수 없었습니다. 눈을 감으면 뒤에서 누군가가 '확' 덮칠 것만 같았고, 눈을 떠도 캄캄한 밤이 더 무서움으로 다가왔습니다. 바람에 낙엽 구르는 소리조차 무서워 벌벌 떨고 있고.

저 혼자 생각에 "뭐 하러 집사님 옆에서 기도하지 이렇게 올라왔지?" 이런 생각도, "뭐 잘났다고 혼자 산에 이곳으로 와 생고생을 하노~" 하는 후회도 하던 그 시간이었습니다.

갑자기 하늘로부터 음성이 들려왔습니다.
"강하고 담대하라. 두려워 말고 놀라지 말라."
처음 들어 본 하나님의 음성이었습니다. 사실 지금도 여자 음성인지, 남자 음성인지, 그 소리가 컸는지, 작았는지 잘 모릅니다. 하지만 그건 분명 하나님의 음성이었습니다. 하나님의 음성이 저를 일으켜 세웠습니다. 얼마나 마음이 담대해지던지요. 만일 그 시간 제 앞에 호랑이가 있었으면 제게 맞아 죽었을지도 모릅니다. 방금 비 맞은 쥐 마냥 달달 떨고 있던 제가 아니었습니다. "주여~!" 하고 외친 소리는 하늘을 울렸을 겁니다. 아무리 어려워도, 아무리 힘들어도 주님의 음성 그 한마디가 얼마든지 새로운 힘과 용기를 준다는 사실을 체험한 순간이었습니다.

지금도 주님은 시퍼렇게 살아 계십니다. 막연한 하나님, 성경 속에 갇힌 하나님, 그저 착하게만 살라고 도덕적으로 말하는 주님이 아니라 만왕의 왕으로 우리와 함께하십니다. "예수가 길이다~!" 무식한 듯 외치는 그 속에 정말 진리가 있고, 사람의 변화란 이 세상 지식이 아닌, 오직 주님의 은혜로 가능하다고 외치는 게 이 시대 목회자가 가야 할 길 아닐까요.

# 구원 그 이후의 삶은?

우리는 아주 오랫동안 '예수 천당 불신 지옥'이라는 단어를 사용해 왔고, 그 표현에 익숙해 있습니다. 지금은 자주 보지 못하지만 불과 얼마 전만 해도 이 단어를 사용하며 전도하는 분들을 자주 볼 수 있었습니다. 저 역시 처음 은혜를 받은 지 얼마 안 됐을 때 택시에서 전도하다 파출소로 끌려간 경험도, 전철 안에서 스님에게 전도하다 쌍욕을 들었던 경험도 있습니다.

저를 포함해 대부분 목사님들은 교회 전도집회는 물론 해외 단기선교 현장에서 '예수님은 어떤 분이신지, 왜 예수를 믿어야 하는지, 안 믿으면 어떻게 되는지, 어떻게 믿는

지' 등등에 대해 설교하곤 합니다. 교회를 다니지 않는 사람이 더 많아 보인다 싶으면 더욱 그런 부분을 강조하기도 하구요.

지금도 사실 늦은 감이 있지만, 한국 교회가 130년 역사를 지나면서 정말 고민해야 하는 부분 중 하나는 예수님을 믿고 난 이후 우리의 삶이 성경적으로 어떠해야 하는지 가르치는 데 있지 않나 싶습니다. 활을 쏘는 궁사는 정확한 목표를 향해 과녁을 당기는데, 우리는 예수님을 믿고 난 후 어떻게 살아가야 할까요? 기도, 충성, 헌신 등에 대해서 자주 말했지만 정작 예수님을 믿은 후 구원받은 우리 그리스도인들은 어떤 삶을 살아야 하는지에 대해 소홀한 것 아닐까요?

언젠가 부천에서 목회하는 저에게 상담을 요청하는 분이 있었습니다. 저는 "그냥 담임목사님과 의논하시는 게 좋겠습니다"라고 했더니, 그분이 "사실 저도 담임목사입니다"라고 하시더라구요.

사연인즉, 그분이 세 들어 목회하는 교회의 건물주가 너무 악독하다는 겁니다. 뭐 하나 고장 나도 스스로 고치라 하고, 겨울에 천정에서 소방호스가 터져 얼음판이 되어도 나 몰라라 한다는 것입니다. 월세가 조금이라도 밀리면 난리 난리를 치는 그 건물주인은 교회 권사님이라고 하시면서, 사님은 "사실 그 주인이 제 친누님입니다"라고 해서 저를 깜짝 놀라게 한 적이 있습니다.

예수님을 믿고 구원을 얻은 그 이후에는 어떤 삶을 살아야 성경적일까요? 우리가 믿는 예수님은 구원받은 다음에 어떤 삶을 살라고 말씀하셨을까요? 아마 많은 목사님들이 마태복음 5~7장에 나오는 '산상보훈'이 그 말씀이라고 대답하실 겁니다. 저 역시 언젠가 마태복음을 강해하면서, 구원받은 다음에는 '산상수훈'에서 말씀하신 것처럼 예수님의 제자로 살아가는 것에 동의하며 〈구원 그 이후의 삶은〉이라는 제목의 12주 과정의 교재를 만든 적이 있습니다.

그런데요. 문제를 알긴 알겠는데, 주님의 그 말씀을 삶으로 살아내는 게 그리 녹록지 않은 것이 문제입니다.

> "너희는 말씀을 행하는 자가 되고 듣기만 하여 자신을 속이는 자가 되지 말라"(약 1:22)

"영혼 없는 몸이 죽은 것같이 행함이 없는 믿음은 죽은 것이니라"(약 2:26)

"내 형제들아 너희는 선생된 우리가 더 큰 심판을 받을 줄 알고 선생이 많이 되지 말라"(약 3:1)

알기는 알겠는데요, 안다고 말은 하는데요, 그 주님의 말씀을 삶으로 살아내는 그리스도인이 된다는 게 이 세상에 발을 딛고 사는 우리들이 때론 입만 살아 있는 그리스도인으로 느껴져서요. "주여~ 긍휼히 여기소서."

# 목사도 축복을 받아야 합니다

부천에 있는 기둥교회 원로이신 고용봉 목사님이 인천 신현교회 담임목사로 시무하고 있는 김요한 목사님에게 나눈 말씀이랍니다.

고용봉 목사님과 같은 차를 타고 이동 중이었다고 합니다. 고 목사님이 김요한 목사님에게 "목사도 축복을 받아야 해요. 복을 받는 성경적인 길을 성도들에게 알려주고, 복 받으라고 설교만 하면 되는 게 아니에요. 목사 자신도 복을 받아야 합니다. 목사가 축복을 받는 건 주변에 좋은 사람들이 많은 거예요. 그 목사를 도와줄 사람들이 많은 게 그 목사가 복을 받은 증거랍니다"라 하셨다 합니다.

제가 부교역자로 두 번째 시무했던, 지금은 의정부에 있는 성만교회의 한용준 목사님과 마지막 식사 자리였습니다. 개척하기 전 한 목사님이 밥을 사 주시며 "이 목사는 인복이 많아 평생 그것만 뜯어 먹고도 살걸?" 하셨던 기억이 있거든요.

이 시점에서 되돌아보면, 모든 게 주님의 은혜임을 고백하지 않을 수 없습니다. 개척자금을 이리저리 도와준다던 친척들의 도움도 거절하고 정말 어렵게 상가 3층 39평에서 시작한 교회. 매달 헌금은 100만 원 정도인데 나가야 할 돈은 임대료 포함 300만 원이나 되었습니다. 그마저도 앞 상가에는 웅변학원을 한다며 다른 교회가 40여 명을 이끌고 들어왔고, 거의 1년을 3층 복도를 사이에 두고 두 교회가 있어야 했습니다. 아내와 두 딸과 개척한 교회에 홀로 덩그러니 앉아 있노라면 왜 그렇게 제 자신이 작아 보이던지요. 그럼에도 불구하고 저는 마냥 목회가 좋았습니다.

30대 초반에 개척한 목사가 목회를 알면, 뭘 얼마나 알겠습니까? 그래도 목회가 좋고, 교회 강단에 있는 게 좋았습니다. 상가 3층, 엘리베이터도 없는 그 교회를 성도들이 하나둘 찾기 시작하더니 5월에 시작한 교회가 그해 말쯤에는

70여 명이 되었구요. 그 초창기에 등록한 성도들도 대부분 지금까지 우리 교회와 함께하는 분들로 자리매김해 주셨습니다.

성도들이 차츰 늘어나며 개척 초기 성도들과 함께할 시간도 없어지고, 때론 반년이 지나도 말 한번 못 한 형편이 되었습니다. 자신들이 감당해 온 대부분의 사역들을, 좀 더 유능한 성도들이 오면 비켜 주고, 밀려나면서도, 우리 곁에서 늘 한결같은 모습으로 있어 오셨구요.

주님은 정말! 꼭 그 때에, 적합하게 필요한 일꾼들을 보내주셔서, 상가 39평에서 지하 184평으로, 대지 300평에 건평 650평의 건물로, 다시 대지 484평에 건평 1,400여 평의 교회를 건축하고, 우리 나름대로 행복하게 지내오게 하셨습니다.

언젠가 아내가 그러더군요. "목사님은 지금보다 세월이 더 가면 갈수록 좋은 분들이 더 많이 목사님을 도와주실 거예요"라구요. 그 말이 정말 맞는 것 같습니다. 성격도 모나고, 급하고, 뭐 특별히 드러낼 만한 스펙 하나 없는 저 같은 목회자가 이렇게 행복하게 목회할 수 있는 건 '주님의 축복'이, '만남의 은총'이 제게 있기 때문입니다.

## 주의 일 하는 법

미국 LA에 '은혜한인교회' 집회 때 있었던 일입니다.

전 세계 56개국에 총 318명의 선교사를 파송했고, 17군데에 신학교가 있다고 하는데요. 교회 부지가 3만3,000평이라네요. 정문부터 교회 본당까지 걷기만 해도 충분히 운동 될 거리인 듯합니다. 처음 이 교회를 개척하신 김광신 목사님은 지금 해외 선교 중이신데, 대장암 수술과 신장이식 수술도 하시고, 거동도 조금 불편하신 걸로 알고 있어 지금 담임하고 있는 한기홍 목사님에게 물었습니다.

"김광신 목사님 건강은 괜찮으세요?"

"아니요. 지금도 좀 불편하세요~"

"그래도 선교 다니실 만하신가 보죠?"

"휠체어 타고 가셨습니다. 그 열정은 아무도 못 말리죠~"

당시 85세 되신 김광신 목사님은 "내가 병원에 있으면서 성도들 병문안 받다가 주님 나라 가나, 선교지 다니다가 주님 나라 가나 똑같은데 결국 주님께서 기뻐하시는 게 어떤 거냐?" 하고 물으시며 선교하다가 주님 만나는 길을 선택하셨답니다.

교회 정원을 한기홍 목사님과 산책하던 중 'Hunts'라는 토마토 케첩 공장이었던 부지를 사게 된 간증을 들려주시며, "이 목사님, 사실 이 부지는 웬만한 교회에 그냥 줘도 관리하기가 어려울 겁니다. 한 달 전기료만 5,000만 원이 넘거든요" 하셨습니다.

그래서 교회가 감당하기 어려울 거라고 말했구요. 2009년 건물을 매입하고, 2,500명 좌석의 예배당을 건축하는 중이었답니다. 그리고 그해에 미국 모기지 금융사태가 나고, 심지어는 교역자들 월급도 제대로 못 줄 때였다네요. 그런 와중에 한국 선교를 나가셨던 김광신 목사님께서 새벽에 한기홍 목사님에게 전화를 하셨답니다.

한기홍 목사님은 이 새벽에 전화를 주신 게 '누가 교회의 어려운 사정을 이해하고 거액의 헌금을 한다고 하셔서 그러신가' 하고 전화를 받으니, 김광신 목사님이 대뜸 경기도 연천에 선교 수양관을 지어야 될 것 같다는 말씀을 하셨구요. 사실 한기홍 목사님도 조금 갈등은 있었지만, 주님의 뜻이라 생각하고 그러시라고 하셨다네요.

김광신 목사님이나 한기홍 목사님이나 모두 영적 거인 같다는 마음이 듭니다. 인간적인 생각으로 이게 가능한 일이 절대 아니거든요.

저와 함께 다니던 은혜한인교회 수석부목사 송종호 목사님도 이 얘기를 듣자마자, "두 분이 같은 영성을 가지고 계셔서 그렇지, 이런 일들이 보통 교회들에서 감당이 되겠냐"고 하더라구요.

사실 홍해 갈라진 것도 오병이어의 이적 등 성경에 기록된 수많은 기사와 이적들을 믿으면서도 실상 현실에 부딪치게 되면 계산기 두드리게 되는 게, 지금 보통 우리들의 신앙생활 아닐까요? 여기 LA에 있는 은혜한인교회는 그러한 우리들의 신앙에 삶으로 주의 일을 하는 법을 알려 주고 있는 듯합니다.

 믿음으로 사는 신앙의 모습이 어떠한지, 신앙의 위기 앞에서 우리는 어떤 선택을 해야 하는지, 예수님을 믿는 사람들 삶의 모습이 어떠해야 하는지, 계산기와 믿음 사이에 갈등하는 우리들에게 멋진 신앙의 도전을 주면서 말이지요~

## 우이 씨~ 할렐루야!!

아침 조찬부터 저녁집회까지 약속들이 몇 개 잡혀 있고, 주일 밤 10시도 안 되어서 잠들어서인가 새벽 4시가 안 됐는데도 잠에서 깨 버렸습니다.

고양시에 있는 오성재 목사님과 새벽에 만나 동행하기로 했는데 그 시간에 일어나기도, 얼굴에 물질(?)하기도 애매한 그런 시간이었습니다.

침대에서 부스럭거리면 아내가 불편할 것 같아 조금 일찍 나왔습니다. 편의점에 들러 커피를 한 잔 뽑는 여유도 부리고, 생수를 1+1으로 준다는 게 눈에 들어오기도 했습니다. 제 딴에는 아주 천천히 시간을 보내며 서울외곽순환고

속도로를 탔습니다. 늘 분주하게 100km 이상으로 달리던 길인데, 여유가 있다 보니 서두를 이유가 없었습니다. 뒤에서 바쁜 듯 달려오는 차가 있으면 "먼저 가시게~" 하며 비켜 주기도 했습니다. 기준속도는 100km지만 끝 차선에서 80km쯤으로 달리기 시작했습니다. 성격 급한 제가 이 정도 속도로 달린다는 건 상상도 못 할 일이기도 하구요.

고양IC 1km쯤 전이었을 겁니다. 거긴 가로등도 없고, 가림막만 있는 길이었구요. 동트기 전 깜깜한 그 고속도로 마지막 4차선에 20kg 쌀 포대 3배쯤 되는 검정색 천 봉투가 길 가운데 턱! 하고 있었습니다.

차를 오른쪽으로 휙! 하고 돌리니 '휘청' 하고 중심을 잃은 듯했습니다. 그리고 연이어 커다란 20kg 쌀 포대 크기의 검정 봉투가 두어 개가 더 등장했습니다. 아슬아슬하게 피했구요. 저걸 치워 줘야 하나 했지만, 그 사이 자동차는 그 봉투들과 꽤 멀어져 도로공사에 신고해서 치워 달라고 부탁 전화를 했습니다.

차가 막히지 않는 서울외곽순환도로를 100km도 안 되는 속도로 달린다는 건 대부분 운전하는 사람들에겐 생각도 못 할 일일 겁니다. 저 역시 마찬가지구요. 그 봉투들을 피하며 마음 깊은 곳에서 '감사'가 고백되었습니다. 평생 처음으로 100km도 안 되는 속도로 달렸기에 그 컴컴한 길에서 커다란 검은 천 봉투를 피할 수 있었지, 그 이상의 속도로 달렸다면 피하긴 어려웠을 겁니다.

"삶은 주님의 은혜입니다~~!!"

요즘 예배 시간에 우리 공동체가 자주 고백하는 단어인데요. 이 고백이 절로 나오는 순간이기도 했습니다. 요셉이 아버지 이삭으로부터 세겜으로 가서 양치기하는 형들을 보고 오라는 보냄 받았을 때, 형들에 의해 죽음의 구덩이에 던져지는 처지가 되지만 마침 이스마엘 상인들이 그 길을 지나갔기에 죽지 않고 살아, 은 이십에 보디발의 집에 팔리게 됩니다. 모세는 애굽에서 태어난 지 삼 개월 만에 더 이상 숨겨 키우지 못하게 되어 갈대 상자에 담겨 나일강으로 떠내려 보내졌지만, 그 때에 목욕하러 나와 있던 바로의 딸을 만나 살게 됩니다.

룻은 시어머니 나오미를 따라 모압에서 베들레헴으로 돌아와 어려운 처지이지만 보리 이삭을 주우러 갔을 때 보아스를 만납니다. 성경은 "우연히 엘리멜렉의 친족 보아스에 속한 밭에 이르렀더라"라고 말하면서 그것은 하나님의 은혜였음을 분명히 하고 있습니다.

어려움이요? 그 까이꺼 주님의 은혜만 있으면 간증이 됩니다. 지금 좋은 형편, 넉넉한 형편이요? 주님이 고개 한번 돌리면 아무것도 아닌 게 됩니다. 그 컴컴한 봉투 앞에서 "아이~ 씨" 했지만, 금방 "할렐루야~!" 튀어나오더라니까요.

삶은 주님의 은혜가 있어야만 합니다. 진정한 우리의 고백 맞지요?

## 할아버지 되던 날

"출산 도와주신 분이 완전 아빠 나이쯤 되시는 베테랑 간호사님이신데요. 제 곁에 계속 같이 붙어 있다시피 해 주셔서 정말 그분이 다 해주신 것 같아요, 하나님이 제게 보내주신 천사 아닌가 하는 생각이 들어요~"

"오빠가 옆에서 1초도 안 떠나고 진통 올 때마다 호흡하는 거 다 도와주고, 잘한다고 칭찬해주고 고맙다고 존경한다고 계속 얘기해 주고… 이런 위로가 아니었으면 진통을 견디기 더 힘들었을 거예요~"

어제 딸을 낳은 첫째가 12월 24일생인데요. 저는 부교역자로 시무하면서 크리스마스 행사 준비 때문에 사모가 출산하는 걸 도와준다는 걸 상상도 못했는데요. 요즘 젊은 부부는 물속에서 출산할 때 동행해 남편이 도와주기도 하고, 저렇게 병원 바로 옆에서 출산을 도와주기도 하는가 봅니다.

첫 손녀를 보게 해준 사위와 딸이 고맙기도 하고, 아직 대면해 보지 못하고 사진으로만 봤지만, 제 손녀라니 그냥 감지덕지하네요. 어제 날짜로 우리 부부가 드디어 할아버지, 할머니가 되었습니다.

"손자 손녀가 없는 사람하고는 인생을 논하는 게 아니래요~" 제 친구 목사님들이 주로 저를 놀릴 때 써먹는 말인데, 이젠 그런 말과도 작별입니다.

손녀가 태어났다고 연락이 왔을 때 친구 목사님들 하고 있었는데요. 다 손자 손녀들이 있고, 두 명만 결혼한 자녀들이 있지만, 아직 손자 손녀가 없었습니다. 이제 제가 손녀가 있는 할배가 되었으니, 옆에 있던 친구에게 제가 그 말을 써먹었습니다.

친구들과 동행할 때마다 그중 한 친구는 꼭 핸드폰에 손자 손녀 사진이 저장되어 있기도 하고, 핸드폰으로 손자 손녀와 통화하기도 해서 "손자 손녀 자랑하려면 만원 내놓고 자랑해요" 하기도 했었는데요.

작은딸이 아직은 누구 닮은 건지 잘 모르겠다고 가족 카톡방에 물었습니다.
"일단 오빠 쪽인 것 같아. 오늘 눈 뜬 거 봤는데 순간 아버님 같았어", "콧대가 높은 건 확실히 오빠 닮았어요. 오빠는 하루 종일 '로아' 동영상만 보구요. 시부모님은 말도 못해요. 시어머니는 카톡으로 '너무 감동이야~!! 내일 가서 얼굴 보고 냄새를 맡아야지~ 벌써 만날 생각하니 마음이 설레네. 우리 공주님 잠도 잘자구, 우리 지혜 지금 당장이라도 달려가서 수고했다고 안아 주고 싶은데~ 지혜야 사랑하고 사랑한다' 이런 말들을 감사하게 계속해 주시고 계셔요"라고 답했습니다.

이제부턴 우리도, 사돈댁도 진짜 할아버지 할머니입니다. 제 친구들도 진짜 할배 클럽에 가입한 걸 환영한다고 계속 문자가 오네요.

아직 초보 할배지만, 좋은 할아버지 함 되어 볼랍니다.

이찬용 목사의
행복한 목회
이야기